세계 시민 수업

다문화 사회

세계 시민 수업 ❾
다문화 사회

다양성을 존중하는 우리

윤예림 글 | 김선배 그림

차례

수업을 시작하며 6

01 다문화 사회에 오신 것을 환영합니다
보이지 않는 사람들 12
외국인이 싫어요 17
다양성이 사라진 사회 21
꼬마 시민 카페 서울로 떠나는 세계 여행 24

02 단일 민족, 진짜 가능한 일일까요?
신라를 사랑한 중동 사람들 28
시야를 좁게 만드는 민족주의 32
흰 검둥이라고 불리던 아일랜드 사람들 36
미국은 어떻게 기회의 땅이 됐을까요? 40
꼬마 시민 카페 당신은 몇 퍼센트 한국 사람인가요? 44

03 이주 노동자도 대한민국을 함께 움직여요!
바다에 붙잡힌 사람들 48
한국 사람, 나빠요 51
이주 노동자는 우리의 동료예요 56
영화가 만들어 낸 작은 기적 59
꼬마 시민 카페 인권 밥상을 차려 주세요 64

04 색깔을 더해 주는 다문화 가족

반쪽짜리 한국인　68
차별을 경험한 아이들　70
한국인의 조건　73
미운 오리 새끼, 하늘을 날다　76
꼬마 시민 카페　진짜 친절, 가짜 친절　80

05 모자이크 사회를 만들어 봐요

캐나다를 똑 닮은 정부와 국회　84
한국어를 하는 오스트레일리아 아이들　87
당신의 이야기를 들려주세요　92
꼬마 시민 카페　상호 문화 도시가 뭐예요?　96

06 내가 만드는 건강한 다문화 사회

한국인은 누구일까?　100
진짜 범인을 잡아라!　105
언어 속 숨은 차별 찾기　112
당신의 이름은 무엇인가요?　117
꼬마 시민 카페　이주민 영화제에 초대합니다!　122

수업을 마치며　124

차별 없는 사회로 가는 시작점

2011년 7월 25일, 노르웨이 수도 오슬로 시청 앞에는 수만 명이 몰려들었어요. 얼마나 많은 사람이 모였는지 하늘에서 바라본 광장에는 형형색색 물결이 출렁이고 있었지요. 시민들은 머리 위로 장미꽃을 흔들었고, 잔잔한 목소리로 노래를 따라 부르기도 했어요. 고개를 푹 숙인 채 눈물을 흘리거나, 옆에 있는 사람의 손을 꼭 잡아 주기도 했지요. 노르웨이 시민들은 왜 광장에 모인 걸까요?

노르웨이 시민들을 한자리에 모이게 한 건, 3일 전 노르웨이 우퇴위아섬에 울린 총성 때문이었어요. 당시 섬에는 약 800명의 청소년들이 여름 캠프에 참여하고 있었어요. 안타깝게도 이 테러로 77명의 소중한 목숨을 잃었지요. 끔찍한 테러 소식에 노르웨이는 깊은 슬픔과 절망에 빠졌어요.

테러가 벌어진 직후, 노르웨이는 물론 전 세계의 주요 언론은 무슬림(이슬람교를 믿는 사람 혹은 그 무리를 부르는 말) 이주민이 테러를 저질렀다는 기사를 내보냈어요. 그러나 범인이 밝혀졌을 때 사람들은 경악

했어요. 범인은 노르웨이에서 태어나고 자란 백인으로 기독교를 믿는 남성이었기 때문이에요. 노르웨이를 공포로 몰아넣은 테러범은 이주민도, 무슬림도 아니었어요. 테러범은 자신의 범행을 반성하기는커녕 오히려 당당하게 외쳤어요.

"다문화 사회를 거부한다. 이민자들이 노르웨이 문화를 훼손시키고 있다!"

테러범은 노르웨이 정부가 내세운 이주민 정책에 불만을 갖고 있었어요. 이주민들이 노르웨이 국민의 일자리를 빼앗고, 노르웨이의 문화를 훼손한다고 생각했거든요. 노르웨이는 자국민이 벌인 잔인한 테러로 인해 평화와 자유가 보장되는 나라라는 이미지에 큰 타격을 받았어요. 게다가 섣부른 뉴스 보도로 노르웨이 사회에 감춰져 있던 뿌

리 깊은 편견을 세상에 공개하게 됐지요.

그리고 테러범은 자신이 바라는 국가의 모습으로 대한민국을 지목했어요. 직접 만든 영상에서 유럽은 다문화 정책을 멈추고 한국과 일본처럼 문화적 보수주의와 민족주의를 가진 국가로 변해야 한다고 주장했어요. 단일 민족이 고유한 문화를 유지해야 사회가 안전하다는 게 이유였어요. 이 테러범의 말처럼 대한민국은 정말 민족주의로 똘똘 뭉친 폐쇄적인 나라일까요?

일찍이 한반도는 다문화 사회였어요. 전쟁을 피하거나, 무역을 하거나, 벼슬을 하기 위해 주변 지역 또는 다른 대륙에서 많은 사람이 한반도로 이주해 왔지요. 하지만 여전히 대한민국이 다문화 사회라는 것을 인정하지 않는 사람이 많아요. 그중 일부는 이주민을 차별하거나 공포와 혐오의 대상으로 바라보기도 하지요. 우리나라도 이런 차별 현상이 지속되면 이주민을 둘러싼 갈등이나 범죄가 언제 터져

나올지 모른다고 전문가들은 경고하고 있어요.

이주민을 둘러싼 갈등으로 이미 세계는 신음하고 있어요. 이주민을 적극적으로 받아들였던 유럽의 독일, 영국, 프랑스는 '우리의 다문화 정책은 실패했다.'라고 선언했고, 기회의 땅으로 불리며 이주민들에게 활짝 문을 열었던 미국은 특정한 국적이나 종교를 가졌다는 이유로 입국을 거부하기도 했어요.

하지만 한 가지 확실한 사실은 앞으로도 어느 나라에서든 모두 다양한 배경을 가진 사람들과 더불어 살아가야 한다는 거예요. 그렇다면 건강한 다문화 사회를 만들어 나가기 위해 우리는 무엇을 해야 할까요?

지금부터 여러분들과 함께 다문화 사회를 바라보는 우리의 편견을 들여다볼 거예요. 그리고 다양성을 인정하는 사회를 만들기 위한 우리의 역할을 고민할 거예요. 자, 그럼 마음의 문을 활짝 열고 수업을 시작해 볼까요?

다문화 사회에 오신 것을 환영합니다

우리는 다문화 사회를 살아가고 있어요.
하지만 다문화는 나와 상관없는 일이라고 여기거나,
피부색이나, 종교가 다르다는 이유로
사람들을 차별하고 미워하기도 해요.
이주민들에게 우리나라를 떠나라며 고래고래 외치는 이들도 있어요.
그런데 다문화 사회는 정말 나와 상관없는 걸까요?
이주민들은 부담과 폐만 끼치는 존재일까요?
우리는 어떤 마음으로 다문화 사회를 살아가야 할까요?

보이지 않는 사람들

"야, 다문화!"

교실 앞문이 쾅 열리면서 국어 선생님의 목소리가 들려왔어요. 책상에 엎드려 고개를 푹 숙이고 있던 전일이는 깜짝 놀라 고개를 번쩍 들었어요. 선생님과 반 아이들의 시선은 전일이에게 향했지요. 얼마 전 전학을 온 전일이는 어머니가 베트남 출신이라는 이유로 학교에서 '다문화'로 불렸어요. 김전일이라는 이름이 있는데도 말이에요.

언제부턴가 대한민국에서 '다문화'라는 단어는 매우 좁은 의미로 사용되고 있어요. 외국인과 한국인이 결혼해 형성된 다문화 가족을 가리키거나, 그 가족에서 태어난 아이들을 뜻하는 단어로 말이에요. 어떤 사람들은 다문화 가족의 아이들을 따돌리거나 상처를 주기 위한 의도를 가지고 사용해요. 전일이의 국어 선생님처럼 말이에요.

'다문화'는 여러 문화가 공존하는 것을 가리키는 말로, '다문화 사회'는 서로 다른 문화권의 사람들이 하나의 공동체에서 함께 살아가는 사회를 의미해요. 대한민국은 1900년대 이후 세계화의 영향으로 국경을 넘어 이동하는 사람들이 빠르게 늘어나고 있어요. 주변에서 국적이나 피부색, 사용하는 언어, 가치관이나 관습이 다른 사람들을 쉽게 만날 수 있지요.

하지만 이들을 바라보는 사람들의 시선은 아직도 서먹서먹하기만 해요. 머릿속으로는 다문화 사회를 살아간다는 것을 알고 있지만, 가슴으로 받아들이지 못했기 때문이지요. 그래서 겉모습이 다르다는 이유로 그들을 마치 투명인간처럼 대하기도 해요.

이제부터 겉모습만 보고 판단하지 말고 어떤 사연으로 우리나라에서 살게 되었는지 알고 이해해 보기로 해요. 우리도 각자 살아가는 방식에 이유가 있듯이 우리나라에 이주해서 사는 사람들도 모두 이유를 가지고 있답니다. 하나씩 소개해 볼게요.

" 열심히 돈을 모아서 캄보디아에 학교를 세우고 싶어요. "

두옹 위볼은 부산에 있는 공장에서 자동차 부품을 분리하는 일을 하고 있어요. 캄보디아 명문 대학을 졸업했지만 일자리가 없어 한국으로 왔지요. 쉴 새 없이 웅웅거리는 기계 소리 때문에 두통에 시달리고, 공기 중에 날아다니는 쇳가루 때문에 숨 쉬는 것조차 쉽지 않지만 그의 손길은 쉴 줄을 몰라요. 가난으로 뿔뿔이 흩어져 있는 가족들에게 매달 생활비를 보내고, 고향에 학교를 세우겠다는 멋진 꿈이 있거든요.

두옹 위볼처럼 돈을 벌기 위해 한국에서 일을 하는 사람들을 가리켜 '이주 노동자'라고 불러요. 이주 노동자의 수는 10년 전보다 두 배나 늘어 100만 명을 넘어섰어요.

" 한국 사람과 사랑에 빠졌거든요. "

일본 출신인 아사이 노리코는 한국 드라마에 관심이 많았어요. 한국어를 배우기 시작할 때 만난 한국인 남성과 결혼해 한국으로 이주했지요. 벌써 15년째예요. 노리코처럼 한국인과 결혼해 한국에서 살아가는 사람들을 '결혼 이주민'이라고 해요. 오늘날 한국에서 결혼하는 열네 쌍의 부부 중 한 쌍은 다문화 가족이에요. 다문화 가족에서 태어나는 아기도 해마다 늘어 2018년 국내 전체 출생아의 5.5퍼센트에 이르렀답니다.

" 자유를 찾아 남한으로 왔어요. "

북한 이탈 주민 이영희는 10년 전 목숨을 걸고 북한을 떠나 남한으로 왔어요. 처음에는 일자리를 구하는 것조차 버거웠지만, 이제는 남편과 둘이 푸드 트럭을 운영하며 하루하루 바쁘게 살아가고 있어요.

자녀들에게 좋은 교육 환경을 만들어 주고 싶거든요. 그리고 탈북민도 성공할 수 있다는 걸 보여 주고 싶답니다. 오늘날 탈북민 이웃은 3만 명이나 돼요.

" 대한민국은 생명의 은인이에요. "

대학에서 선박을 전공한 카사훈은 졸업 후 화물선 선원이 되어 세계 곳곳을 누볐어요. 동시에 에티오피아 정부의 독재와 인권 탄압에 맞서 반정부 활동을 이어 갔지요. 그래서 에티오피아로 돌아가면 목숨이 위험할지도 모른다는 두려움에 대한민국에 난민 자격을 신청했고, 3년이 지나서야 난민으로 인정받았어요. 난민으로 인정을 받으면 자신이 원할 때까지 대한민국에 머물 수 있고, 취업을 해서 돈을 벌 수 있어요. 또한 대한민국 국민과 같은 수준으로 생계비나 의료비 등 사회 보장 혜택을 받을 수 있어요. 가족을 한국으로 초청할 수도 있지요.

난민은 가난하고 불쌍한 사람들이 아니에요. 자신의 신념과 가치를 지키기 위해 목숨을 걸고 고향을 떠나온 용기 있는 사람들이지요. 지금까지 우리나라에 난민 신청을 한 사람들은 4만 명이 넘어요. 하지만 난민으로 인정받은 사람은 겨우 4퍼센트에 불과해요. 세계적으로 난민 신청을 받아들이는 비율은 평균 38퍼센트나 되는데 말이에요.

"한국 화장품 전도사가 되고 싶어요."

사우디아라비아에서 온 도아는 서울의 한 대학교에서 경영학 석사 과정을 밟고 있어요. 한류 문화를 접하면서 한국 제품에 관심을 갖게 되었거든요. 석사 학위를 받은 후에는 고국으로 돌아가 화장품 회사를 세우는 게 꿈이에요. 우리나라에 공부를 하러 온 유학생은 이제 12만 명을 넘어섰어요.

"저도 이제 한국 사람입니다."

터키에서 온 오메르는 대구에 있는 대학교로 유학을 왔어요. 대학교 졸업 후에는 대구에 있는 회사에 취직했지요. 한국에 온 지 10년이 지났을 때, 오메르는 귀화 신청을 했어요. 귀화는 출신 국가가 아닌 다른 나라에서 국적을 얻어 국민이 되는 걸 말해요. 국적법이 제정된 지 70년이 지난 2018년에는 대한민국 국적을 취득한 사람이 19만 명에 이르렀어요.

지난 20년 동안, 대한민국에 정착한 이주민 수는 폭발적으로 증가했어요. 1990년에 5만 명에서 2017년에는 210만 명으로 빠르게 늘어났지요. 전문가들은 2030년이 되면 300만 명이 될 거라고 예상하고 있어요. 다양한 이유를 가지고 우리나라에 정착하여 살고 있는 사람들을 우리는 얼마나 이해하고 있을까요?

외국인이 싫어요

이집트에서 온 사브리는 안성에 있는 한 정류장에서 부인을 기다리고 있었어요. 가만히 서 있어도 땀이 흐르는 더운 날씨였지만, 부인이 기뻐할 모습을 생각하자 더위도 잊을 수 있었어요. 그때 건너편에서 어떤 한국인 남성이 자신을 향해 걸어오고 있었어요. 그는 인상을 잔뜩 찌푸린 채 사브리를 향해 외쳤어요.
"어디서 왔어? 당장 너희 나라로 돌아가!"
사브리는 화가 난 남자에게 답했어요.

"아무런 잘못도 하지 않았는데 제가 왜 이런 말을 들어야 합니까?"

그 말에 더 화가 난 남자는 사브리에게 주먹질을 하려고 했어요. 사브리는 재빨리 휴대폰을 꺼내 이 모습을 촬영했고, 자신의 페이스북에 영상을 올려 다문화 인식에 대한 문제를 제기했지요. 영상이 화제가 되자 기자들에게 인터뷰 요청이 왔고 사브리는 이렇게 대답했어요.

"이주민도 한국인처럼 인간입니다. 우리도 존중해 주세요."

사브리의 사건은 2018년 여름에 일어난 사건이에요. 국가, 민족, 인종이 다르다는 이유로 상대방을 낮추어 보고 차별하는 '외국인 혐오'가 우리나라에서도 벌어지고 있다는 뜻이에요. 외국인 혐오는 왜 생기는 걸까요? 우리나라에만 있는 문제일까요? 독일에서 벌어진 비슷한 사건을 예로 들어 볼게요.

독일에서 1천 명이 넘는 시위대가 이주민들이 거주하는 아파트 앞에 모였어요. 이들은 외국인을 추방하라고 외치며 아파트에 돌과 화염병을 던졌어요. 곳곳에서 불이 나기 시작하자 출동한 소방관과 폭력을 막으려는 경찰관들에게 시위대는 이성을 잃고 주먹을 휘둘렀어요. 5천 명의 이주민들은 두려움 속에 그저 침묵만 지켰지요.

독일에서 벌어진 외국인 혐오 범죄는 높은 실업률 때문이었어요. 서독과 동독으로 나뉘었던 독일은 1990년에 통일이 됐지만, 사회주의였던 동독은 정부가 갑작스럽게 무너지면서 경제적 위기를 겪었어요. 여기에 주변 국가에서 내전이 발생해 독일 내 난민 숫자가 급격하게 늘어나면서 동독 주민들은 불만과 좌절을 느꼈지요. 순식간에 일자리를 잃고, 복지 혜택을 더 이상 누릴 수 없게 됐거든요.

동독 주민들의 비난이 향한 곳은 경제 불황을 가져온 정부가 아니라, 독일 사회에서 가장 힘이 약한 이주민들이었어요. 사실 이주민들은 독일인들이 기피하는 일을 하며, 경제에 도움을 주고 있었는데 말이에요. 동독의 경제가 악화되자 사람들은 이주민들을 범죄자 또는 가난뱅이 취급했어요.

1990년의 독일처럼 오늘날에도 이주민을 골칫거리로 여기는 사람들이 있어요. 이주민들은 하나같이 교육 수준이 낮고, 범죄를 일으킬 위험이 있으며, 가난해서 우리 사회에 부담이 된다고 생각하면서요. 그런데 정말 이주민들이 많아지면 범죄가 늘고 경제적인 피해가 증가할까요?

몇 년 전, 한국 형사 정책 연구원은 한국인 범죄와 외국인 범죄 발생 비율을 비교해 발표했어요. 조사 결과는 우리의 편견이 얼마나 잘못된 것인지 확인시켜 줬어요. 한국인이 저지르는 범죄율이 외국인의

범죄율보다 두 배 이상 높았거든요. 또한, 중국인이 모여 사는 서울 대림동은 2년 전에 비해 60퍼센트 가량 범죄가 줄어든 것은 물론 안전 평가에서도 최우수 등급을 받았어요.

경제적으로 부담을 준다는 것도 사실과 달라요. 2016년 이주 노동자가 우리나라에 가져온 경제적 효과는 무려 74조 원에 달했어요. 노동으로 발생한 효과뿐만 아니라 월급의 일부를 소비하면서 발생하는 효과도 상당했어요. 이런 추세라면 2020년에 이주 노동자가 가져오는 경제적 효과는 100조 원을 돌파하게 될 거예요.

2017년, 40개가 넘는 중국 동포 단체들이 연합해 기자 회견을 열었어요. 영화 〈청년 경찰〉의 상영을 멈춰 달라는 요청 때문이었지요. 영화에서는 중국 동포(조선족)로 불리는 중국인 범죄 집단이 여성을 납치

하는 사건이 벌어져요. 중국 동포 단체들은 이 영화가 중국인을 잔인한 범죄자나 사기꾼으로 생각하게 만든다며 영화 제작사의 사과를 요구했어요. 영화의 배경이 된 서울 대림동은 사람들의 발길이 뜸해지면서 식당 등을 운영하는 사람들이 피해를 보기도 했어요.

수백 년 전에 근거 없이 잘못 만들어진 인종에 대한 구분과 차별은 오랫동안 이주민에 대한 편견과 오해를 만들었고, 이는 여전히 다른 방식으로 재생산되고 있어요. 특히, 미디어에서 표현하는 부정적인 이주민의 모습이 편견과 고정 관념이 되고 외국인 혐오로 이어지기도 해요. 모든 이주민이 가난하고 위험한 존재가 아니라, 범죄를 일으키는 소수의 이주민이 있을 뿐. 오히려 우리 주변에는 대한민국의 미래를 위해 함께 노력하는 이주민들이 훨씬 많습니다.

다양성이 사라진 사회

"우간다에서 인도인을 추방한다!"

1972년, 역사상 가장 사악한 독재자로 꼽히는 이디 아민은 8만 명의 인도 출신 이주민을 추방한다고 선포했어요. 이들에게 주어진 시간은 고작 3개월이었어요.

우간다와 인도의 인연은 120년 전 영국의 식민 지배 시절로 거슬러 올라가요. 우간다 철도 공사를 위해 수만 명의 인도인들이 우간다로 이주를 했고, 공사가 끝난 후에도 우간다에 남아 삶을 꾸렸어요. 인도 출신 이주민들은 사업을 하면서 점차 부를 늘려 갔어요. 1970년대에는 우간다 세금의 90퍼센트가 이주민들 사업에서 나왔을 만큼 경제에서 핵심적인 역할을 맡았지요.

하지만 독재자 이디 아민이 권력을 잡자 상황은 급박하게 변했어요. 우간다 국민의 마음을 얻기 위해 그는 아프리카인 중심 정책을 펼쳤어요. 이 정책에 따라 우간다 국민은 우대를 받았지만, 이주민은 모든 재산을 빼앗긴 채 추방을 당했어요. 그동안 우간다 국민들은 인도 출신 이주민이 막강한 경제력을 갖고 있는 걸 매우 못마땅하게 생각했거든요. 이주민들이 떠난 후, 우간다는 어떻게 됐을까요?

우선 우간다는 심각한 경제 위기에 빠졌어요. 이주민이 사라지면 더 잘살게 될 거라는 기대는 얼마 지나지 않아 무너졌어요. 당시 이주민이 소유하던 5천 개가 넘는 회사와 목장, 농장은 우간다 사람들에게 분배되거나 정부의 소유가 됐지만, 제대로 운영이 되지 못해 적자가 났어요.

게다가 다양성이 사라진 우간다에는 편견과 차별이 사회적 문제로 떠올랐어요. 아프리카인이 최고라는 인종 차별적인 정책이 시행되면서 다른 민족과 인종에 대한 인권 탄압이 끊이질 않았어요. 이러한 소식은 점차 다른 나라에도 알려졌어요. 그 뒤로는 우간다로 여행을 가려는 사람도, 우간다에 투자를 하려는 사람도 급격하게 줄어들었어요. 우간다는 점점 고립되어 갔지요.

이디 아민 정권이 몰락하고 나서야 우간다는 생기를 되찾았어요. 새로운 대통령이 가장 먼저 한 일은 아시아계 이주민들을 다시 우간다로 불러들인 거였어요. 뼈아픈 경험을 한 후에야 우간다 사람들은 큰 교훈을 얻었어요. 우간다의 과거와 미래는 이주민들과 함께 만들어 왔고, 만들어 가고 있다는 것을 말이에요.

'문화 다양성은 개인은 물론 사회의 자산입니다. 문화 다양성을 보호하고 발전시키는 것은 지속적으로 성장하기 위한 필수 요건입니다.'

유네스코는 위와 같은 발표문을 통해 진작부터 문화 다양성을 강조해 왔어요. 다양성이 보장되는 사회에서는 개개인이 가진 개성과 색깔을 인정하고 존중해 줘요. 다양성은 선택의 폭을 넓혀 주고, 새로운 가능성을 열어 주기도 해요. 또한 자유롭고 평등한 사회에서라면 누구든 자신의 국적이나, 피부색, 성별, 종교, 신념 때문에 주눅 들 필요가 없어요.

사회나 개인이 마음껏 성장할 수 있도록 단단한 토대가 되어 주는 다양성, 왜 중요한지 잘 알겠죠?

서울로 떠나는 세계 여행

서울에는 이주민들의 삶과 문화를 느껴 볼 수 있는

거리와 마을이 있어요. 함께 서울로 세계 여행을 떠나 볼까요?

매주 일요일 오후가 되면 혜화동 성당 앞에 이색적인 장터가 들어서요.

바로 필리핀을 느껴 볼 수 있는 '리틀 마닐라'예요.

필리핀에서 가져온 다양한 식재료와 물건들을 구매하거나, 바나나 튀김,

돼지고기 꼬치 같은 필리핀의 대표적인 길거리 음식들도 맛볼 수 있어요.

광희동에는 '몽골 타운'이 있어요.

골목 초입부터 양고기 굽는 냄새와 독특한 향신료 향이 가득하고,

키릴 문자로 적힌 간판이 다른 나라에 온 것 같은 착각을 불러일으켜요.

중앙아시아 음식 맛이 궁금하다면 이곳을 꼭 방문해 보세요.

이촌동에는 '리틀 도쿄'가 있어요.

이 지역에만 5천 명이 넘는 일본인들이 모여 살고 있어요.

좁은 길거리에는 아기자기한 일본 식당들이 있고, 미용실이나 은행에서는

일본어를 사용할 수 있어요. 일본의 소박함과 잔잔함을 느껴 볼 수 있는 곳이지요.

대림역에 도착하면 중국인지 한국인지 헷갈릴 정도예요.

빨간색 간판에는 중국어가 쓰여 있고, 건물에는 붉은색 등이 달려 있어요.

대림동 차이나타운의 묘미는 온갖 종류의 중국 음식을 맛볼 수 있다는 거예요.

중국식 샤부샤부인 훠궈, 양꼬치, 만두, 북경 오리까지

골라 먹는 재미를 느껴 봐요.

▲ 서울 시내 주요 외국인 마을

단일 민족, 진짜 가능한 일일까요?

2006년, 정부는 우리나라가
'다문화×다종족 사회'라고 선언했어요.
하지만 여전히 우리나라가 단일 민족 국가라고 믿는 사람들이 있어요.
다른 민족의 피가 섞이지 않은 하나의 민족으로만 이루어졌다고 말이에요.
역사적으로 보아도 한반도에 단일 민족만 살았던 적은 없었어요.
여러 민족, 여러 문화가 섞여 지금의 대한민국을 만들었지요.
그런데 왜 우리는 단일 민족이라고 믿는 걸까요?
단일 민족은 다민족보다 좋은 걸까요?

신라를 사랑한 중동 사람들

"이 교수님, 직접 오셔서 확인하셔야 할 것 같습니다."

중동 전문가로 알려진 한양 대학교 이희수 교수는 이란 국립 박물관에서 동아시아 연구를 담당하는 다르유시 박사로부터 연락을 받았어요. 이란에서 오래전부터 사람들의 입에서 입으로만 내려오던 대서사시 《쿠쉬나메》의 필사본이 영국 국립 도서관에서 발견됐는데 아무래도 신라와 관련된 것 같다는 소식이었어요. 이 교수는 직접 눈으로 확인하기 위해 이란으로 향했어요. 다르유시 박사의 이야기가 사실이라면 고대 신라와 이슬람 세계의 교류를 밝혀낼 열쇠가 될 거라는 확신이 들었거든요.

이 교수는 이란 연구원들과 함께 번역을 시작했어요. 하지만 무척 까다로운 작업이었어요. 《쿠쉬나메》가 책으로 만들어진 지 수백 년이 지나 글자 일부는 보이지 않았고, 고대어로 쓰여 있어 이해하기조차 쉽지 않았어요. 글자 하나를 두고도 며칠 동안 꼬박 밤새는 날이 이어졌지요.

"《쿠쉬나메》에서 '신라'를 찾았습니다! 드디어 비밀을 풀었습니다!"

《쿠쉬나메》의 이야기는 실로 놀라웠어요. 7세기 중반, 페르시아가 이슬람 제국으로부터 공격을 당했을 때 왕자 아비틴은 부하들과 함께 중국으로 도망쳤어요. 하지만 이슬람 제국의 보복이 두려웠던 중국은 아비틴 일행을 받아들이지 않았어요. 죽을지도 모른다는 두려움에 이들은 신라로 망명을 떠나요. 다행히 신라 왕은 아비틴 일행을 환대했어요. 이후 아비틴은 신라 공주인 프라랑과 함께 페르시아로 돌아갔고, 둘 사이에서 태어난 아이가 성장해 페르시아를 공격했던 이슬람 군대를 물리쳤다는 이야기가 들어 있었지요.

　역사서가 아닌 문학 작품인 《쿠쉬나메》를 사실로 받아들이기 어렵다는 주장도 있어요. 하지만 일부에서는 《쿠쉬나메》와 비슷한 시기에 쓴 역사서와 비교할 때, 페르시아 왕자가 찾아간 곳이 신라일 가능성이 매우 높다고 판단하고 있어요. 역사서에는 651년에 페르시아가 멸망한 후, 중국으로 망명을 떠난 페르시아 왕자가 쫓겨날 위기에 처하자 자취를 감추었다는 기록이 있거든요. 그래서 《쿠쉬나메》를 해석하면서 역사의 퍼즐 조각이 맞춰지게 될 거라는 기대가 높았던 것이지요.

앞으로 더 깊이 있는 연구가 진행되고 신라라는 게 확실시 된다면 한반도 곳곳에 남아 있는 페르시아 흔적의 비밀을 풀 수 있게 될 거예요. 부리부리한 눈에 수북한 턱수염을 가지고 매부리코를 한 경주 괘릉의 무인석상, 신라 고분에서 쏟아져 나온 유리 제품들, 송림사 탑에서 발견된 독특한 고리 무늬 장식 그릇까지 답을 찾을 수 없었던 수많은 질문들이 해결될 테니까요.

무슬림들이 한반도에 거주했다는 공식적인 기록은 9세기부터 찾아볼 수 있어요.

'중국의 저쪽에 신라라고 불리는 금이 풍부한 나라가 있다. 그곳에 진출한 무슬림들은 자연환경의 쾌적함 때문에 영구 정착하여 떠날 생각을 아니한다.'

이븐후르다드베의 《도로와 왕국 총람》에 나온 신라에 관한 글이에요. 이 부분을 보면 9세기쯤에는 상당한 숫자의 무슬림들이 한반도로 이주했다는 것을 추측해 볼 수 있지요.

통일 신라가 무너지고 들어선 고려에서는 무슬림들이 활발하게 활동했어요. 고려 말 충렬왕 때는 몽골에서 넘어온 수만 명의 무슬림들이 집단으로 거주했다는 기록이 있어요. 고려인이 된 무슬림들은 벼슬을 하거나 중국과 무역을 하며 부를 쌓았고, 고려 사회에서 꽤나 영향력을 발휘했지요.

다른 민족과 문화에 폐쇄적이었던 조선 시대에도 조선에 거주하는 무슬림 대표들이 정기적으로 궁에 초대되었다는 이야기가 《조선왕조실록》에 나와 있어요. 멀다고만 생각했던 이슬람 세계와 이렇게 많은 교류가 있었다는 사실에 놀랍지 않나요?

이웃 나라에서 한반도로 건너온 이주민들은 얼마나 많았을까요? 역사서 《송사》를 보면 전체 고려 인구 중 다른 나라에서 건너온 민족이 차지하는 비율은 8.5퍼센트라는 기록이 있어요. 《조선왕조실록》에도 한반도로 이주한 북방 유목 민족이 조선 초기 전체 인구의 25퍼센트 정도를 차지한다고 쓰여 있어요.

오늘날 우리나라에는 대략 280개의 성씨가 있어요. 이중에서 약 130개가 귀화

성씨예요. 지리적으로 가까운 중국계와 일본계가 대다수를 차지하고, 몽골계, 인도계, 위구르계, 베트남계, 미국계, 태국계, 러시아계까지 아주 다양한 민족과 인종이 이 땅에 뿌리를 내리고 함께 살아가고 있지요.

역사적으로 보나 오늘날 대한민국을 보나 한반도는 다문화, 다인종, 다민족 사회라고 할 수 있어요. 그렇기에 누군가를 다문화라고 부르며 구별 짓고 차별하는 건 매우 어리석은 행동이에요.

시야를 좁게 만드는 민족주의

'나는 자랑스러운 태극기 앞에 조국과 민족의 무궁한 영광을 위하여 몸과 마음을 바쳐 충성을 다할 것을 굳게 다짐합니다.'

이 문구는 2007년 이전에 쓰던 '국기에 대한 맹세'예요. 이 문장에 따라 조국과 민족의 발전을 위해서라면 자신을 희생할 수도 있다는 의식을 자연스럽게 받아들이던 시절이 있었지요. 2007년이 되어서야 '조국'과 '민족'은 '자유롭고 정의로운 대한민국'으로 바뀌었고, 국민의 희생을 강조하던 '몸과 마음을 바쳐'라는 문구는 삭제했어요. 국가 행사 때마다 쓰던 문장이 바뀌었다는 건 큰 의미가 있는 일이에요. '민족'에 대한 의식의 변화가 필요했기 때문에 시작된 일이지요.

하지만 이 문구가 바뀌었다고 해도 여전히 대한민국 국민은 단일 민족이라고 굳게 믿고 있는 사람이 많아요. 단군 할아버지로부터 내려온 하나의 민족이 다른 민족과 피가 섞이지 않은 채 지금의 대한민국을 이루고 있다고 말이에요.

하지만 세계화 시대를 살아가는 지금, 단일 민족에 대한 믿음은 많은 문제를 가져오고 있어요. 피부색이 다르다는 이유로, 출신 국가가 다르다는 이유로, 한국어가 조금 서툴다는 이유로 다양한 배경을 가진 사람들을 차별하고, 무시하는 일들이 벌어지고 있거든요. 비슷비슷한 외모를 갖고, 완벽하게 한국어를 구사하는 사람만이 한민족이 될 수 있다는 엄격한 잣대를 들이대고 있기 때문이지요.

그런데 정말 민족은 한 혈통으로만 이루어져야 할까요? 프랑스 사상가 에르네스트 르낭은 민족에 대해 이렇게 말해요.

"민족이란 함께 살아가기로 한 의지로 만드는 것이지 종족이나 언어, 종교, 국경은 꼭 필요한 요인이 아닙니다."

르낭은 민족을 형성하는 데 있어 같은 피를 공유하거나, 같은 언어를 사용하는 것은 핵심적인 요인이 아니라고 이야기했어요. 민족은 함께 마음을 모아 공동체의 운명을 책임지고 나가겠다는 의지로 만들어진다고 정의했지요. 다시 말해, 함께 살아가기로 결심한 사람들이라면 태어날 당시의 배경과 상관없이 같은 민족이 될 수 있다는 주장이에요.

우리나라에서는 역사적으로 일제 강점기를 지나며 협소한 의미의 민족 개념이 강조되기 시작했어요. 한민족은 같은 언어를 쓰고 같은 나라에서 태어나 같은 역사 의식을 가진 사람이어야 한다는 거였지요. 그 당시 잃어버린 나라를 되찾기 위해서 하나의 뿌리를 갖고 있다는 민족의식은 꼭 필요했어요.

하지만 다문화 사회를 살아가는 오늘날에는 르낭의 민족주의 정의에 대해 곰곰이 생각하고, 우리 사회에 적용해야 해요. 지금과 같이 매우 좁은 한민족의 개념은 건강한 다문화 사회로 나아가는 데 방해가 되기 때문이에요.

고려 광종 시기에 중국 후주라는 나라에서 귀화한 쌍기는 재상으로 등용됐고, 과거 제도를 만들어 훌륭한 인재를 선발할 수 있는 기틀을 마련해 고려의 학술과 문화 수준을 높였어요. 고려 말에서 조선 초까지 한반도에 거주하던 위구르계 이주민들은 당시 세계 최고 수준을 자랑하던 이슬람 과학 지식을 전하는 징검다리 역할을 했어요. 이슬람 역법의 영향을 받아 현재 우리가 사용하는 음력이 만들어졌고, 역사상 가장 훌륭한 왕으로 꼽히는 세종 대왕은 이슬람 천문 관측 기기와 천문학 지식을 참고하여, 비의 양을 측정하는 측우기, 천문 시계

인 혼천의, 물시계인 자격루와 같은 관측 기구들을 제작했어요. 또한 조선 시대에는 의료 기관인 전의감에서 이슬람 의학을 다루기도 했어요. 역사상 빛나는 발전을 이루던 시기에 다른 나라와 문화, 지식 등을 교류했다는 기록은 눈여겨볼 부분이에요.

흰 검둥이라고 불리던 아일랜드 사람들

매년 3월 17일이 되면 미국은 초록색으로 물들어요. 초록색 모자와 옷을 입은 사람들이 거리를 행진하고, 체크무늬 치마를 두른 악단들은 백파이프를 들고 연주를 해요. 이날만큼은 도심을 흐르는 강에도 초록색 물감을 풀지요. 레스토랑에는 소금물에 절인 소고기 요리인 콘비프를 먹으려는 손님들로 북적거려요. 미국의 대통령도 초록색 넥타이를 매고 공식 석상에 나타나지요. 아일랜드 국경일인 '성 패트릭의 날'을 기념하기 위해서요.

서기 385년에 태어난 패트릭은 열여섯 살에 아일랜드 켈트족 해적에 납치돼 6년 동안 노예 생활을 했어요. 가까스로 아일랜드를 탈출했지만 그는 기독교를 전파하러 다시 아일랜드 땅을 밟았어요. 기독교가 전파되는 곳마다 전쟁과 피가 끊이질 않았는데 아일랜드에서는 기독교가 평화롭게 전파되었어요. 패트릭이 켈트족의 문화를 누구보다도 잘 이해하고 있었기에 가능한 일이었어요. 켈트족에게 기독교를 전파한 지 30년이 지난 461년, 패트릭은 숨을 거뒀어요. 아일랜드 사람들은 패트릭이 눈을 감은 날을 기념일로 정해 매년 기억하고 있어요. 그런데 아일랜드가 아닌 미국에서 성 패트릭의 날을 성대하게 기념하는 이유는 뭘까요?

19세기 중반, 영국의 식민지였던 아일랜드는 엄청난 혼란에 빠져 있었어요. 영국의 잔인한 지배로 사람들은 날로 지쳐만 갔고, 주식이던 감자에 마름병이 돌면서 식량이 바닥났어요. 당시 굶다가 목숨을 잃은 사람만 100만 명이 넘어설 정도였지요. 배고픔에서 벗어나기 위해 150만 명이 넘는 사람들이 미국 땅으로 건너갔어요. 새로운 삶에 대한 부푼 꿈을 안고 말이에요. 하지만 곧 이들은 차디찬 현실과 마주해야만 했어요. 바로 인종 차별이었지요.

당시 미국 사람들은 아일랜드 이주민들을 '짐승 같다, 게으르다, 교양 없다, 범죄자 집단, 알코올 중독자' 등으로 묘사했어요. '똑같이 영어를 쓰고, 같은 백인 사이에 무슨 인종 차별이에요?'라고 물을지도 모르지만 미국에 먼저 정착한 영국계 이주민들은 자신들이 아일랜드계 이주민보다 우월하다고 생각했어요. 그래서 신문이나 책자에서 아일랜드계 이주민들을 원숭이로 묘사하고, 구인 광고에는 '아일랜드 사람은 지원하지 말 것'이라고 공지하기도 했어요. 이들은 미국에서 사회 구성원으로 인정받지 못한 채 차별에 시달렸어요.

아일랜드 이주민들에 대한 인종 차별은 점점 더 심해져 아일랜드 사람은 백인이 아니라는 인종주의 이론까지 등장했어요. 영국의 골상학자 존 베도는 아일랜드 사람들의 두개골을 연구한 뒤 아일랜드계 인종은 턱이 크고 튀어나와 아프리카계 인종이라고 주장했어요. 그 뒤로 사람들은 아일랜드계 이주민들을 '흰 검둥이'라고 불렀지요.

하지만 20세기에 와선 미국에서 아일랜드계 이주민들을 차별하기보단 그들 마음을 사로잡으려고 노력한답니다. 미국 정치인들은 선거가 있을 때마다 아일랜드계 이주민에게 뜨거운 구애 작전을 펼쳐요. 이들의 막강한 정치적 힘을 잘 알고 있기 때문이에요.

아일랜드계 이주민들이 미국에서 살아남기 위해 찾은 방법은 다름 아닌 정치적 연대였어요. 선거날이 되면 다 함께 투표장으로 향했고, 아일랜드계 이주민을 향한 인종 차별 문제 해결을 위해 노력하는 정치인들, 자신들의 목소리에 귀를 기울이는 정치인들에게 표를 던졌어요. 이들의 정치적 영향력이 얼마나 커졌는지, 미국의 대통령 마흔다섯 명 중 열여섯 명 이상이 아일랜드 혈통이에요. 이렇게 아일랜드계 이주민들은 당당하게 미국인으로서 권리를 성취해 나간 거예요.

흰 검둥이라고 불리던 아일랜드계 이주민들의 이야기는 인종이라

는 개념이 얼마나 근거 없는 것인지 보여 주고 있어요. 인종이라는 개념은 단지 어떤 집단을 차별하고 배제하기 위해 이용했을 뿐이라는 걸 말이지요. 물론 아일랜드계 이주민들에 대한 차별과 편견이 줄어들었다고 해서 미국에서 발생하는 모든 인종 차별 문제가 해결된 건 아니에요. 여전히 인종을 둘러싼 문제들로 속앓이를 하고 있거든요. 인종 차별을 없애기 위한 정부와 시민 사회의 고민과 노력은 지금도 진행 중이에요.

미국은 어떻게 기회의 땅이 됐을까요?

1971년, 파키스탄에서 출발한 비행기는 히말라야의 높은 봉우리들을 빠르게 지나갔어요. 한밤중이 되어서야 비행기는 중국 베이징 공항에 착륙할 수 있었어요. 중년의 한 신사는 옷매무새를 가다듬고 안경을 고쳐 쓴 후에 조심스레 첫발을 내딛었어요. 이 신사는 닉슨 대통령의 외교 안보 특별 보좌관이었던 헨리 키신저예요.

키신저가 베이징을 찾은 건 중국의 지도자 저우언라이를 만나기 위해서였어요. 당시 세계는 둘로 나뉘어 있었어요. 미국을 중심으로 한 자본주의 진영과 소련(지금의 러시아)을 중심으로 한 사회주의 진영으로 말이에요. 미국은 사회주의 진영이었던 중국과 20년 가까이 교류를 단절한 상태였어요. 서로에 대한 불신과 견제로 긴장 상황이 최고조였을 때, 키신저가 중국을 방문한 거지요.

키신저의 임무는 두 국가 사이를 가로막고 있던 단단한 벽을 허무는 일이었어요. 미국은 중국의 도움이 필요했거든요. 냉전의 두 축이었던 미국과 소련 사이에는 직접적인 전쟁은 없었지만, 혹시나 모를 전쟁에 대비해 엄청난 양의 예산을 국방비로 퍼붓고 있었어요. 게다가 달러의 가치가 떨어지면서 미국의 경제적 부담은 날로 커져만 갔지요. 중국과 외교 관계를 회복할 수만 있다면 미국은 국방비를 획기

적으로 줄일 수 있었어요.

　마침 중국도 미국의 힘이 필요했어요. 중국과 소련 사이에 갈등이 커지면서 중국의 위치가 애매해졌거든요. 또한 세계 최대 시장인 미국과 무역을 할 수 있다면 경제적으로도 큰 이득을 볼 수 있었지요. 중국의 상황을 정확하게 파악한 키신저는 중국 지도자를 설득하는 데 온 힘을 기울였어요. 그 결과, 양국의 지도자들은 국교를 맺고 평화를 위해 노력하겠다는 공동 성명을 발표했어요. 냉전 시대의 종말을 고하는 큰 사건이었지요.

헨리 키신저는 '외교의 신'이라고 불려요. 미국의 중요한 정책들이 키신저의 손을 거쳐 갔고, 지금의 미국을 만드는 데 큰 공헌을 했기 때문이에요. 그런데 키신저가 이주민이었다는 사실을 알고 있나요?

독일에서 태어난 키신저가 열 살이 됐을 무렵은 아돌프 히틀러가 정권을 잡은 시기예요. 학교 선생이었던 키신저의 아버지는 쫓겨났고, 키신저는 유대인 아이들만 모여 있는 학교로 전학을 가야만 했어요. 유대인이라는 이유로 어린 키신저의 옷을 찢고, 침을 뱉는 사람도 있었어요. 다행히 미국에 있던 친척들 도움으로 키신저 가족들은 목숨만은 구할 수 있었지요. 키신저는 미국으로 이민 온 심정을 이렇게 말했어요.

"처음으로 뉴욕의 거리를 걷고 있는데 남자아이들이 무리를 지어 있는 걸 보고 가슴이 철렁 내려앉았습니다. 하지만 이내 곧 깨달았지요. 제가 서 있는 곳은 독일이 아니라 미국이라는 걸 말입니다."

키신저는 미국에서 새로운 꿈을 꾸기 시작했어요. 낮에는 면도솔 공장에서 일을 하고, 밤에는 야간 고등학교를 다니며 학업에 정진했어요. 2차 세계 대전이 벌어졌을 때는 독일 나치 세력과 싸우기 위해 전쟁에 참여했지요. 이후 독일어 실력이 출중하다는 점이 눈에 띄어 군대 장교가 됐어요. 닉슨 행정부에서 대통령 보좌관을 거쳐 미국의

56대 국무부 장관에 올랐지요.

헨리 키신저의 삶을 보면 미국이 왜 기회의 땅으로 불리는지 이해할 수 있어요. 이민자 연구 분야의 전문가인 맨하튼 연구소 피터 샐리슨 선임 연구원은 자신의 저서 《미국식 동화》에서 미국이 살고 싶은 나라로 뽑히는 이유를 설명하고 있어요. 미국은 이민자들에게 시민이 될 수 있는 권리를 주고, 능력과 재능에 따라 보상받을 수 있는 시스템도 갖추고 있다는 거예요. 게다가 이민자들이 미국 사회에 잘 적응할 수 있도록 시민 단체가 매우 활발하게 돕고 있어요.

미국에는 수많은 헨리 키신저가 있어요. 구글의 창업자인 세르게이 브린은 러시아를 떠나 미국으로 건너왔고, 전자 상거래 기업 이베이를 창업한 피에르 오미디아르는 프랑스 태생의 이란계 이주민이에요. 1987년 미국으로 간 재미 교포 김승호 회장은 세계에서 손꼽히는 도시락 회사를 운영하고 있지요. 지금도 수많은 헨리 키신저가 미국에서 꿈을 키우고 있어요.

대한민국의 미래는 어쩌면 '이주민이 한국에 정착하여 어떻게 살아갈 수 있게 하는지'에 달려 있는지도 몰라요. 더불어 산다는 것은 개인의 인식만 바꾸어야 하는 게 아니라 국가의 정책도 뒷받침되어야 한다는 것을 미국의 사례를 통해 알 수 있는 거지요.

당신은 몇 퍼센트 한국 사람인가요?

덴마크의 여행 회사 모몬도는 흥미로운 프로젝트를 기획했어요.

민족, 인종, 국적이 다른 67명의 사람들을 선발해 DNA 검사를

실시했어요. DNA에 담긴 정보는 복제를 통해 자손에게 전달되기 때문에

자신의 뿌리를 확인할 수 있거든요.

참가자들의 절대 다수는 자신의 뿌리를 확신했어요.

프랑스인 오렐리는 자신의 조상이 100퍼센트 프랑스인이며,

영국인 제이는 자신에게 독일인 피는 결코 섞일 수 없다고 강조했지요.

이란 출신 참가자는 부모님의 사진첩까지 들고 와 자신은 100퍼센트 쿠르드족이라고

단언했어요. 실험 결과는 어땠을까요?

2주 후, 참가자들은 실험 결과가 담긴 손바닥만 한 종이를 받았어요.

입을 쩍 벌린 사람도, 눈물을 훔쳐 내는 사람도, 그저 허탈하게 웃는 사람도 있었어요.

아무도 예상치 못한 결과 때문이었지요.

실험 결과는 순수 혈통이라는 생각에 물음표를 던졌어요.

프랑스인이라고 확신했던 참가자는 영국인의 피가 32퍼센트 섞여 있다는 결과를 받았어요. 영국인이라는 자부심이 넘쳤던 제이는 5퍼센트의 독일인 피가 흐른다는 것을 알게 됐지요. 쿠르드족이라는 것에 의심의 여지가 없던 여성 참가자는 자신의 조상 중에 터키인이 있다는 것을 알게 된 후 충격에 빠졌어요.

참가자들은 입을 모았어요.

"전 세계 사람들은 생각보다 더 많은 것을 공유하고 있어요."

이 프로젝트는 하나의 뿌리에서 이어져 왔다고 믿는 우리에게도 같은 질문을 던져요.

"당신은 몇 퍼센트 한국인인가요?"

03

이주 노동자도 대한민국을 함께 움직여요!

우리나라에는 100만 명이 넘는 이주 노동자가 있어요.

일손이 부족한 분야에 노동력을 제공하며, 경제에 기여하고 있지요.

그런데 이주 노동자는 어떻게 살고 있을까요?

노동에 대한 정당한 대우를 받고 있을까요?

아니면 그들에게 한국은 떠나고 싶은 곳이 되었을까요?

바다에 붙잡힌 사람들

내 사랑, 내 걱정은 말아요.

이 힘든 시간이 지나면 좋은 날이 오겠죠.

거친 파도가 언젠간 잦아드는 것처럼

이 일이 끝나면 난 돌아갈 거예요.

내가 넝마를 걸치도록 가난해져도

한국, 이 나라에 올 생각은 꿈에도 하지 않을 거예요.

내게 천금을 준다고 해도.

그들이 주는 건 보너스가 아니에요.

매일 소처럼, 개처럼 사는 대가예요.

―― 공익법센터 어필&국제이주기구 한국대표부 발간 보고서 〈바다에 붙잡히다〉 중에서

우리나라 어선을 탔던 베트남 선원들 사이에서 전해지는 시의 일부분이에요. 20대 청년 응웬 지탕은 이 시의 내용이 자신의 이야기가 될 줄은 꿈에도 생각하지 못했어요. 하지만 한국에 온 지 얼마 지나지 않아 잔인한 현실과 마주해야 했지요.

3월의 제주 바다는 사나웠어요. 응웬은 찬바람을 막기 위해 두툼한 작업복을 입고 있었지요. 길고 긴 작업을 마치고 식사를 한 후 잠시 쉬고 있는 사이, 선장이 응웬에게 다가와 질문을 던졌어요. 그러나 귀를 윙윙 울리는 바닷바람 소리와 짧은 한국어 실력에 선장의 질문을 이해하지 못했어요. 응웬은 "모른다."고 대답했어요. 그의 짧은 대답에 화가 난 선장은 응웬을 배 끝으로 몰았고, 결국 바다로 빠뜨렸어요.

응웬은 앞이 보이지 않는 시커먼 바다에서 죽기 살기로 헤엄쳤어

요. 입과 코로는 차가운 바닷물이 들어와 숨 쉬는 것조차 버거웠고, 두툼한 작업복에는 물이 차올라 몸은 자꾸만 바닷속으로 들어갔어요. 높은 파도는 금방이라도 응웬을 삼켜 버릴 것처럼 달려들었지요. 하지만 선장은 그저 지켜보고만 있었어요. 지옥 같은 5분이 지나서야 바다에서 구출되었지만 이날의 기억은 상처로 남았어요. 죽을지도 모른다는 두려움에 깊은 잠을 들지 못하고 불안해하는 날이 많았어요.

이 사건은 같은 배를 타고 있던 베트남 선원이 몰래 촬영한 영상 덕에 세상에 알려졌어요. 응웬은 지속적인 폭언과 폭행에 시달렸다며 선장을 경찰에 고발했지요. 하지만 선장은 폭행과 폭언은 없었고, 바다에 빠뜨린 게 아니라 응웬이 일을 하다 실수로 빠진 거라며 혐의를 부인했어요. 응웬은 이런 상황이 절망스럽기만 해요.

"두 달이 넘도록 조사 결과를 기다리고 있어요. 아무도 제 말을 믿지 않아요. 강제로 출국을 당할까 불안하고 두려워요. 제발 공정한 수사가 진행돼 고통받는 이주 노동자가 없어지기를 바랍니다."

2018년 5월 30일, 응웬은 시민 단체와 함께 기자 회견을 열었어요. 자신들의 피해 사실을 알리기 위해 용기를 내기로 결심했거든요. 이로부터 3개월 뒤, 서귀포 해양 경찰서는 선장이 폭행을 했다는 사실을 인정했어요. 하지만 바다로 밀쳤다는 응웬의 주장은 받아들이지 않았어요. 동영상 속에는 바다에 빠져 있는 모습만 찍혀 있어서 선장이 밀었는지는 확인하기 어렵다고 말이에요.

대한민국은 전 세계에서 열네 번째로 큰 어업 생산국이에요. 하지만 이러한 성과가 말해 주지 않는 게 있어요. 성공적인 어업 뒤에는 이주 노동자들의 눈물이 있다는 것을 말이에요.

바다에 붙잡힌 이주 선원들은 심각한 인권 침해를 겪고 있어요. 국가 인권 위원회가 발표한 어업 이주 노동자의 인권 상황 조사 내용을 보면 폭언을 당한 경우는 93.5퍼센트, 폭행은 42.5퍼센트나 돼요. 정해진 날 임금을 받은 사람은 53.5퍼센트밖에 안 되고, 도망가는 것을 막는다는 이유로 외국인 등록증이나 여권을 빼앗긴 경우는 79.3퍼센트나 돼요.

전문가들은 이주 노동자가 없으면 대한민국은 멈춘다고 말하기도 해요. 그만큼 이주 노동자가 우리나라 노동계에서 차지하는 비율이 높아졌다는 이야기예요. 하지만 이주 노동자에게 벌어지는 비극은 사라질 줄을 몰라요. 멈추지 않는 비극, 그 이유는 무엇일까요?

한국 사람, 나빠요

"안녕하세요. 스리랑카에서 온 외국인 노동자 블랑카입니다. 한국

에서 일 많이 했어요. 돈 조금 받았어요. 사장님 계속 일해라 일해라 했어요. 한번은 저 너무 일 많이 해서 몸 아팠어요. 그래서 사장님께 일 못하겠다 했더니 사장님이 막 때렸어요. 허리 때렸어요, 배 때렸어요, 어깨 때렸어요. 왜 때리냐고 했더니 입 때렸어요. 너무 아파 사장님 쳐다봤더니 눈도 때렸어요. 뭡니까, 이게. 사장님 나빠요."

2000년대 초반, 스리랑카 이주 노동자의 애환을 코미디로 풀어 낸 개그 프로그램이 큰 인기를 끌었어요. 이 프로그램을 통해 이주 노동자의 인권 상황이 알려진 건 이주 노동자가 우리나라로 들어온 지 꽤 지났을 때예요. 그렇다면 이주 노동자는 언제부터 증가했고, 그동안 이주 노동자의 인권 상황이 알려지지 않은 이유는 무엇일까요?

1988년, 서울 올림픽이 개최되면서 해외여행 규제가 풀렸어요. 더불어 올림픽의 성공적인 유치를 위해 까다로웠던 비자 발급이 간편해지면서 수많은 외국인들도 국내로 몰려들었지요.

외국인들 중에는 올림픽이 끝나고도 고국으로 돌아가지 않고 한국에 남은 사람들이 있었어요. 이들은 작은 회사에서 일을 했어요. 한국 사람들의 높은 인건비를 감당하기 버거웠던 작은 회사는 이들을 환영했지요. 정부 역시 허가된 체류 기간이 지나고도 국내에 머물며 일을 하는 이주 노동자의 존재를 알고 있었지만, 경제에 도움이 된다는 이유로 눈을 감았어요. 하지만 얼마 지나지 않아 또다시 더 많은 노동력이 필요해졌어요. 수출이 증가하고 시장이 커졌거든요.

이때 등장한 게 '산업 기술 연수생 제도'예요. 정부는 한국에서 일을 하며 유수한 기술을 배울 수 있다고 홍보했어요. 가난한 나라에서 온 수많은 청년은 부푼 꿈을 안고 대한민국의 국경을 넘었어요. 그러나 현실은 매우 달랐어요. 이들에게 주어진 업무는 누구나 쉽게 배울 수 있는 단순 기술이었고, 하루에 열 시간을 넘게 일해도 연수생이라는 이유로 겨우 40만 원 정도의 월급을 받았어요. 노동 중 사고가 나도, 몇 개월째 임금이 밀려도 이들이 도움을 받을 수 있는 곳은 어디에도 없었어요. 열악한 노동 조건에 도망가는 이주 노동자들을 막기 위해 고용주는 여권을 빼앗거나, 작은 방에 가둬 놓고 폭행하기도 했어요.

산업 기술 연수생 제도가 '현대판 노예제'라는

비판이 일자 2004년 '고용 허가제'가 도입됐어요. 이 제도는 한국 국적의 노동자와 이주 노동자의 대우를 동등하게 보장한다고 규정되어 있어요. 고용 허가제가 실시된 후, 이주 노동자의 삶은 더 나아졌을까요?

"저는 오늘 세상과 작별 인사를 합니다. 회사에서 스트레스를 받았고, 다른 공장에 가고 싶어도 갈 수 없고, 네팔에 가서 치료를 받고 싶어도 안 됐습니다."

충주의 자동차 부품 회사에서 일하던 네팔 이주 노동자 케샤브 슈레스타는 사랑하는 가족들을 남겨 두고 세상을 떠났어요. 하루에 열두 시간씩 일하면서 건강히 악화됐고, 회사를 옮기거나 네팔로 돌아가서 쉬고 싶었지만 모두 받아들여지지 않았거든요. 지난 10년 동안, 케샤브처럼 목숨을 잃은 네팔 이주 노동자들은 무려 서른여섯 명이나 돼요. 이들의 죽음을 지켜본 동료들은 고용 허가제의 문제점이 원인이라고 이야기하고 있어요. 고용 허가제는 왜 이주 노동자들을 죽음으로 모는 걸까요?

고용 허가제의 가장 큰 문제는 직업 선택의 자유가 없다는 거예요. 직업을 바꾸려면 이주 노동자가 고용주로부터 폭행 또는 폭언에 시달리거나, 임금을 받지 못할 경우에만 가능해요. 인권 침해 사실을 이주 노동자가 직접 증명해야 하는 것도 문제점이에요. 한국어 실력이 부족한 이주 노동자가 인권 침해 과정을 설명하고 증명한다는 건 불가능에 가까운 일이지요. 게다가 직업을 바꾸는 것도 세 번으로 제한되어 있어요. 이렇다 보니 인권 침해가 발생해도 계약 기간이 끝날 때까지 참고 버텨야만 해요.

노동 기간을 연장하는 것도 자유롭지 않아요. 고용 허가제를 통해서 들어온 이주 노동자들은 3년 동안 일을 할 수 있는데 기간을 연장하려면 반드시 고용주의 허가를 받아야만 해요. 가능하면 한국에 오래 머물며 돈을 벌고 싶은 이주 노동자들은 고용주의 눈치를 보느라 인권 침해가 벌어져도 신고를 할 수가 없어요.

마음대로 일을 그만둘 수 없는 것도 문제예요. 인권 침해가 발생해 이주 노동자가 일터에 나오는 것을 거부할 경우, 고용주는 이탈 신고를 할 수 있어요. 이탈 신고가 접수되면 이주 노동자는 미등록 이주자로 분류되어요. 경찰에 붙잡힐 경우, 강제 출국을 당할 수밖에 없어요. 문제는 고용주의 말만 듣고 이주 노동자가 왜 일터에 나오지 않는지 묻지 않는다는 거예요.

유엔 인종 차별 특별 보고관인 무투마 루티에는 한국 정부에 다음과 같이 권고했어요.

"사업장 변경 횟수 제한을 없애고, 고용주의 허가를 받지 않고도 이주 노동자가 사업장을 변경할 수 있도록 해야 합니다. 또한 이주 노동자는 어떤 분야에서 일하던, 노동자의 권리를 보장받아야 합니다."

이주 노동자는 값싸고 편리한 노동력이 아닌, 우리와 함께 걸어가는 사람들이에요. 우리의 무관심과 차별이 사라지지 않는다면 이들은 지금보다 더 위험한 곳으로, 더 보이지 않는 곳으로 자꾸만 밀려나게 될지도 몰라요.

이주 노동자는 우리의 동료예요

도미니크 요한은 오늘도 아침 일찍 길을 나섰어요. 독일 국경을 넘는 루마니아 출신의 트럭 운전사들을 만나기 위해서였지요. 고속도로 근처의 주차장에는 트럭이 줄지어 있었어요. 독일 곳곳에 물건을 옮기는 운전사들은 허리도 펴지 못한 채, 좁은 차 안에서 쪽잠을 청하고 있었어요.

"안녕하세요. 괜찮으시다면 이 책자 좀 읽어 보시겠어요?"

도미니크는 잠에서 막 깨어난 이리 가브리엘에게 다가갔어요. 이리는 헝클어진 머리를 쓸어내리며 책자를 받아 보았어요. 독일에서 일하는 이주 노동자들의 권리를 설명해 주는 책자였어요. 책자는 루마니아어로 번역되어 있어 이해하는 데 어려움은 없었어요. 이리 옆에서 도미니크의 동료들이 루마니아어로 통역도 해 주었어요.

"매일 트럭 운전을 하는데도 왜 이렇게 살기 힘들까요."

책자를 읽은 이리의 이마 한가운데에 깊은 주름이 새겨졌어요. 열심히 일을 해도 돈을 충분히 벌 수 없는 이유를 알았거든요. 회사는 최저 임금조차 제대로 지불하지 않았어요. 독일에서는 시간당 약 11,000원을 최저 임금으로 받을 수 있었지만, 이리는 겨우 4,000원을 받았어요. 임금도 임금이지만, 휴일도 없이 하루에 열다섯 시간 이상 운전을 해도 운전사에게 제공되는 숙소는 없었어요. 씻을 수 있는 공간도, 몸을 쭉 펴고 잘 장소도 없었어요. 이리는 자신의 상황이 부당하다고 느꼈어요. 결국 도미니크의 도움을 받아 운송 회사를 상대로 소송하기로 마음먹었어요.

도미니크와 동료들은 모두 독일 노동조합 총연맹에서 일을 하고 있어요. 이 단체는 독일 노동자들의 권리와 인권을 보호하기 위한 목적으로 세워졌지요. 독일 노동조합이 처음부터 이주 노동자를 도왔던 것은 아니었어요. 그런데 왜 이주 노동자들에게 손을 내밀게 된 걸까요? 도미니크는 이렇게 이야기해요.

"이주 노동자를 돕는 일은 임금을 빼앗긴 사람들과의 연대이자 정의를 구현하기 위한 일이에요. 연대와 정의는 지금껏 독일 노동조합이 지켜 낸 소중한 가치이기 때문이죠."

2011년에는 '공정한 이동'이란 프로젝트로 불가리아, 루마니아 등 동유럽 국가에서 온 노동자들의 권리를 지키기 위한 활동을 벌이고 있어요. 프로젝트 팀원들은 이주 노동자를 대신해 밀린 월급을 받아 내거나 회사에 안전한 작업 환경과 최저 임금에 대한 약속을 받아 내기

도 해요. 이를 지키지 않을 경우 소송을 걸기도 하지요. 2017년 이후, 3천 명이 넘는 트럭 운전사들이 이 프로젝트의 도움을 받았어요.
　이주 노동자를 동료로 인정하는 독일 노동조합의 새로운 관점은 높이 평가받고 있어요. 국내 노동자 대부분이 이주 노동자를 자신들 일자리를 빼앗는 경쟁자로 여겼으니까요. 국내 노동자들은 이주 노동자

가 들어오는 것을 반대하거나, 인권 침해가 벌어지는 노동 환경에도 무관심한 경우가 많아요. 하지만 이와 달리 독일 노동조합은 더 적극적으로 이주 노동자들을 품었어요.

이주 노동자의 권리를 지키는 것은 국내 노동자의 권리를 보호하는 일이기도 해요. 이윤을 많이 남기려는 회사는 임금이 높은 독일인보다 돈을 적게 줘도 되는 이주 노동자를 선호해요. 만약 국적과 상관없이 같은 일을 하는 노동자에게 동일한 임금을 지불해야 한다면 이주 노동자들이 정당한 임금을 보장받을 수 있는 것은 물론, 국내 노동자들 역시 임금이 높다고 제외되는 경우가 줄어들 거예요. 이주 노동자가 일자리를 뺏는 경쟁자인지, 아니면 함께 권리를 지켜 나가는 동료인지 곰곰 생각해 볼 문제예요.

영화가 만들어 낸 작은 기적

방글라데시 출신인 알 마문은 대학 졸업 후 한국에 왔어요. 한국에서 일을 하면 자신의 삶이 반짝반짝 빛날 거라고 기대했지만, 숙소에 들어선 순간 그 꿈은 깨졌어요. 숙소는 한겨울의 매서운 바람도, 한여름의 뜨거운 열기도 막아 주지 못하는 작은 컨테이너가 전부였어요.

그 좁은 곳에서 네 명이 함께 살아야 했어요. 이후 근무 환경이 더 좋은 가구 공장으로 자리를 옮겼지만 가슴 한구석에 남아 있던 답답함은 해소되지 않았어요.

'어떻게 하면 이주 노동자도 다 같은 사람이라는 생각을 하게 만들까?'

그는 영화에서 답을 찾았어요. 그동안 이주 노동자의 인권 상황을 알리려면 직접 집회에 참여하는 방법밖에 없었지만, 영화는 현장에 가지 않더라도 자신의 목소리를 전달할 수 있었기 때문이에요.

그는 퇴근 후 영화 수업을 들으며 영화감독의 꿈을 키웠어요. 드디어 2013년, 마문은 미등록 이주 노동자의 이야기를 담은 영화 〈파키〉로 데뷔했어요. 그로부터 몇 년 지나지 않아 자신의 목소리를 알리고 싶다던 그의 꿈은 조금씩 실현되었어요. 두 번째 영화 〈하루 또 하루〉를 통해 이주 노동자 샤인이 겪었던 처참한 현실을 알렸거든요.

"너 테러리스트지?"

출입국 관리소 직원의 한마디는 샤인의 인생을 통째로 바꿔 놨어

요. 겁을 먹은 샤인은 무작정 도망쳤고, 2층에서 추락해 두 다리의 뼈가 부러지는 큰 사고를 당했어요. 수차례 수술을 했지만, 안타깝게도 평생 장애를 지닌 채 살아가야 했지요. 이제는 똑바로 걷는 것도, 한 시간 이상 서 있는 것도 어려운 일이 됐어요. 샤인은 왜 급하게 도망을 가야 했을까요? 출입국 관리소 직원들의 말처럼 테러리스트였기 때

문일까요?

샤인은 '미등록' 이주 노동자였어요. 2004년 한국에 온 샤인은 누구보다 성실하게 일을 했어요. 그가 번 돈은 경제적으로 어려운 가족에게 큰 도움이 됐지요. 하지만 허가된 체류 기간이 지나 미등록 이주 노동자가 된 샤인이 출입국 관리소 직원에게 붙잡힐 경우 언제든 강제 추방될 상황이었어요. 강제 출국이 되면 가족들을 도울 수 없다는 생각에 그는 온 힘을 다해 도망쳤던 것이지요. 물론 테러리스트라는 정보는 잘못된 거였어요.

출입국 관리소는 잘못된 정보로 단속을 하는 과정에서 샤인이 장애를 갖게 된 데에 사과나 보상을 하기는커녕 2주 안에 출국하라는 명령을 내렸어요. 두 다리에 붕대를 감고 입원한 샤인에게 가혹한 일이었지요. 친구들의 항의로 체류 기간을 늘릴 수는 있었지만, 출입국 관리소는 샤인의 일에 어떠한 책임도 지지 않았어요.

마문은 샤인의 사연을 한국 사회에 알려야겠다고 결심했어요. 이주 노동자가 가혹한 대우를 견디며 어떻게 강제 추방되고 있으며, 추방을 피하기 위해 무리하게 몸을 숨길 수밖에 없는 현실을 말하고 싶었어요. 미등록 이주 노동자라고 하더라도 이들의 인권을 함부로 침해할 수 없다는 걸 담고 싶었지요.

영화 〈하루 또 하루〉는 마침내 불가능하게만 보였던 결과를 가져왔어요. 샤인의 억울한 사연을 담은 이 영화가 발표된 후, 샤인은 보상을 받을 수 있게 됐기 때문이에요. 서울 고등 법원은 샤인이 미등록 이주 노동자이기는 하지만 일을 하는 도중에 다쳤다는 것을 인정했어요. 출입국 사무소도 보상을 약속했지요.

오늘도 마문은 이주 노동자의 목소리를 담은 영화를 만들고 있어요. 그의 영화를 보고 있으면 이주 노동자에 대해 품었던 편견을 돌아보고, 인간의 존엄성에 대해 생각하게 만들어요. 그의 도전은 한국 사회에서 이주 노동자가 노동자이기 전에 사람으로 인정받는 날까지 멈추지 않을 거예요.

꼬마 시민 카페

인권 밥상을 차려 주세요

젊은 사람들이 농촌을 떠나 일손이 부족하다는 이야기,

한번쯤 들어 본 적 있지요?

일할 사람이 없으면 농산물이 줄어들고 식탁에 오르는 반찬도 줄어야 할 것 같은데

식탁에 차려진 반찬은 매일 풍성해요.

도대체 누가 농촌의 젊은 일손을 대체하고 있는 걸까요?

오늘날 농촌에는 2만 3천 명이 넘는 이주 노동자들이 있어요.

우리의 밥상 곳곳에는 이주 노동자의 손길이 닿아 있지요.

향긋한 깻잎, 달콤한 딸기, 윤기가 흐르는 쌀, 쫄깃한 식감을 자랑하는 삼겹살까지

이주 노동자들이 아니었다면 이렇게 신선하고, 건강한 식재료들이 식탁에 오르지

못했을 거예요. 그런데 우리의 밥상이 안전하고 건강한 만큼 우리의 밥상이

인간답다고 말할 수 있을까요?

2014년, '인권 밥상 캠페인'이 시작됐어요.

우리의 밥상이 인권 침해로 얼룩진 현실이 드러났거든요.

이주 노동자들은 한 달에 300시간을 넘게 일해도 최저 임금을 받지 못했고,

화장실도 없는 비닐하우스에서 살아야 했어요.

고용주의 폭언과 폭행이 발생해도 사장의 허락이 없으면 일터를 떠날 수도 없었지요.

현재 공식적으로 인권 밥상 캠페인은 끝이 났어요.

하지만 이주 노동자들은 여전히 눈물을 흘리고 있어요.

이제부터 우리가 인권 밥상 캠페인을 이어 가는 건 어떨까요?

친구와 가족들에게 따뜻한 한 끼에 숨겨진 이주 노동자의 이야기를 들려주면서

말이에요. 인권 밥상이 차려지는 그날까지 함께 노력해 볼까요?

색깔을 더해 주는 다문화 가족

오늘날 다문화 가족 숫자는 점점 늘어나

100만 명에 이르고 있어요.

초등학생 50명 중 한 명은 다문화 가족의 자녀이지요.

다문화 가족의 자녀들은 우리 사회의 어엿한 구성원이지만,

부모의 국적이 다르다는 이유로

피부색이 다르다는 이유로

한국어가 조금 서툴다는 이유로

한국인으로 인정하는 사람들은 많지 않아요.

대한민국에서 다문화 가족의 아이들은 어떻게 살고 있을까요?

반쪽짜리 한국인

 남색 수의(죄수가 입는 옷)를 입은 하빈이는 얼굴을 돌려 빛이 새어 들어오는 철창 너머를 바라보았어요. 뽀얀 얼굴에 길고 짙은 속눈썹이 유독 돋보였지요. 하빈이의 눈빛은 원망이 섞여 있는 것도 같고, 불안에 떨고 있는 듯도 보였어요. 하빈이는 짧은 숨을 내쉬고는 그날의 일을 떠올렸어요.
 자정이 다 될 무렵, 하빈이는 이불을 뒤집어쓰고 골목길을 서성이고 있었어요. 하빈이의 눈은 목표물을 찾아 빠르게 움직였

어요. 하빈이는 라이터를 켜 연립 주택 주차장 한쪽에 쌓여 있던 폐휴지에 불을 붙였어요. 불길은 훨훨 타오르면서 곧바로 주택으로 번져 나갔어요. 소방차가 오는 소리가 들리자 하빈이는 또 다른 장소로 이동했어요. 거기에서도 폐휴지에 불을 붙였지요. 그날 밤 하빈이는 무려 다섯 차례나 불을 냈어요. 도대체 왜 불을 지른 걸까요? 하빈이의 대답에 사람들은 충격에 빠졌어요.

"저는 분명 한국 사람인데 주변에서는 한국 사람도 러시아 사람도 아니라고 해요. 그러면 저는 반쪽짜리인가요?"

하빈이는 러시아에서 공부를 하던 한국인 아버지와 러시아인 어머니 사이에서 태어났어요. 두 살부터 서울에서 살던 하빈이는 러시아 문화보다 한국 문화가 더 익숙했지요. 하지만 하빈이는 평범한 한국인이 될 수 없었어요. 같은 반 친구들은 이름 대신 '쏘련놈'이나 '헬로 러시아'라고 불렀고, 갑자기 집으로 찾아와 옷을 빼앗기도 했어요.

중학교 때부터 하빈이는 우울증에 시달렸어요. 한국인으로 인정받지 못하는 자신의 정체성을 끊임없이 의심했고, 계속된 차별과 따돌림으로 늘 위축되어 있었지요. 결국 학교를 그만두고 가출을 했어요. 거기에 할머니마저 교통사고로 세상을 떠나면서 하빈이는 세상이 무너졌다고 느꼈어요.

하빈이도 한때 꿈이 있었어요. 열심히 공부해 과학자가 되고 싶었지요. 하지만 방화범이 된 지금은 앞으로 아무것도 할 수 없을 것만 같아요.

하빈이는 범죄를 저질렀어요. 이 방화로 2천만 원이 넘는 재산 피해가 발생했고 불길을 제때 잡지 못했다면 사상자가 발생했을지도 몰라요. 하지만 이 모든 잘못을 하빈이에게만 돌릴 수 있을까요? 누가 이 소년을 방화범으로 만든 걸까요?

차별을 경험한 아이들

1968년 4월 4일, 인종 차별을 없애기 위해 평생을 헌신했던 마틴 루터 킹 목사가 암살을 당했어요. 당시 초등학교 교사였던 제인 엘리어트는 이 소식에 충격을 받았어요. 제인은 학생들에게 인종주의가 어떤 것인지 깨닫게 할 만한 특별한 수업이 필요하다고 판단했어요. 그래서 다음 날, 학생들에게 '차별의 날'을 제안했어요.

"오늘부터 우리는 눈 색깔로 사람들을 판단할 거예요. 오늘은 갈색 눈 학생들이 푸른 눈 학생들보다 우월해요."

갈색 눈을 가진 학생들은 모든 면에서 특혜를 받았어요. 음식을 두 번이나 받을 수 있었고, 쉬는 시간도 더 길었어요. 놀이터에서도 마음껏 놀이 기구를 탈 수 있었지요. 반면 푸른 눈을 가진 아이들은 멀리서도 한눈에 알아볼 수 있게 수건을 둘러야 했고, 급식을 받을 때는 갈색 눈 학생들이 다 받을 때까지 기다려야 했어요. 푸른 눈 아이가 연필을 떨어뜨리면 선생님은 "거봐, 푸른 눈은 멍청하다니까!"라며 무시하는 말을 했지요. 눈동자 색깔로 차별 대우를 받아야 하는 환경은 아이들에게 어떤 결과를 가져왔을까요?

두 집단은 곧바로 나뉘었어요. 불과 하루 전까지만 해도 어울려 놀던 아이들은 서로를 미워하고 차별했어요. 갈색 눈 학생들은 푸른 눈 학생들의 이름 대신 '어이, 푸른 눈.'이라고 불렀어요. 푸른 눈 아이들은 스스로를 패배자라고 느꼈어요. 결국 두 그룹 사이에 큰 싸움이 벌어졌어요.

다음 날 상황을 바꿔 차별의 날을 진행했지만 결과는 마찬가지였어요. 푸른 눈 학생들은 갈색 눈 아이들을 차별했고, 갈색 눈 아이들은 좌절하고 분노했지요. 실험에 참가한 아이들은 이렇게 이야기했어요.

"내가 못난 사람처럼 느껴졌어요."

"차별이 싫어요. 차별 때문에 화가 났어요."

"학교를 그만두고 싶었어요."

눈 색깔을 가지고 우월한 사람과 열등한 사람을 나누는 실험은 차별이 얼마나 사소한 이유로 시작되는지 깨닫게 했어요. 또한 피부색이나 눈 색깔처럼 자신이 선택할 수 없는 이유를 가지고 다른 사람을 차별하는 행동이 얼마나 잘못된 일인지 확실히 알 수 있었지요.

몇 년 전, 국가 인권 위원회는 다문화 가족의 자녀들을 대상으로 설문 조사를 진행한 적이 있어요. 열 명 중 네 명은 따돌림을 당한 경험이 있고, 열 명 중 세 명은 이름 대신 부모의 출신 국가를 부르거나, 피부색이 다르다며 놀림받은 적이 있다고 대답했어요. 열 명 중 두 명은 너희 나라로 돌아가라며 협박을 당했어요.

만약 여러분이 머리카락이 검다는 이유로, 키가 작다는 이유로, 남자 또는 여자라는 이유로, 한국인이라는 이유로 차별을 받는다면 어떤 기분이 들까요? 내가 선택할 수 없는 것 때문에 따돌림을 당한다면 억울하고 속상하지 않을까요? 누군가를 차별하는 것부터가 잘못된 일인데, 남들과 '다르다'는 이유로 그 사람을 차별하거나 그에 대해 편견을 갖는 것은 어리석은 일이에요.

한국인의 조건

10년 전, 우리나라의 한 대기업은 다문화에 대한 부정적인 인식을 바꾸겠다며 광고를 만들었어요. 영상 속에는 잔잔한 목소리를 가진 내레이터가 다음의 문장들을 읽었지요.

베트남 엄마를 두었지만
당신처럼 이 아이는 한국인입니다.
김치가 없으면 밥을 못 먹고
세종 대왕을 존경하고
독도를 우리 땅이라고 생각합니다.
축구를 보면서 대한민국을 외칩니다.
스무 살이 넘으면 군대에 갈 것이고
세금을 내고 투표를 할 것입니다.

광고에 등장한 아이는 친구들 앞에서 독도 사진을 보여 주고, 김이 모락모락 피어오르는 밥에 김치를 얹어 맛있게 먹었어요. 광고는 '다문화 가족의 아이도 한국인'이라는 메시지를 전달하고 있었지요. 이 광고를 본 사람들 중에는 '가슴이 따뜻해진다.'라고 평한 사람도 있었지만, 대다수는 '불편하다.'라는 반응을 보였어요. 광고 속에서 묘사한 한국인의 모습이 과연 한국인을 대표할 수 있는지에 대한 의문을 불러일으켰거든요.

그렇다면 한국인은 도대체 누구일까요? 한국말을 잘하거나, 한국에 살면 한국인으로 인정받을 수 있나요? 아니면 다른 민족이나 인종과 섞이지 않은 순수한 한민족이어야만 할까요? 다문화 가정 아이들은 한국인인가요? 아니면 이방인인가요?

그동안 한국인이라고 하면 한민족의 혈통을 갖고, 한국말을 사용하며, 한반도에서 사는 사람들을 의미했어요. 하지만 오늘날 한국인은 대한민국 국적을 가진 사람을 가리켜요.

대한민국 국적을 얻기 위해서는 국가가 정한 자격을 갖춰야 해요. 만약 부모의 국적이 한국인이라면 그 자녀는 대한민국의 국적을 갖게 돼요. 외국 국적을 가졌다고 하더라도 한국에서 일정 기간을 거주하고, 시험을 통과하고 교육을 받으면 대한민국 국적을 얻을 수 있어요. 부모 둘 중 적어도 한 명이 한국 국적을 가지고 있는 다문화 가족의 아이들은 당연히 대한민국 국민이에요. 한국인이 되는 데 있어 문화, 민족, 인종, 언어나 피부색은 중요한 기준이 아니지요.

다시 광고를 살펴볼까요? 이제 여러분은 광고 속 내레이션이 왜 불편하게 느껴졌는지 알게 됐을 거예요. 대한민국 국적을 가진 사람이

라면 생김새나 좋아하는 음식이나 취미와 상관없이 한국인으로 인정받아야 한다는 걸 알았을 테니까요.

광고 속에 등장하는 아이가 베트남 축구팀을 응원해도, 김치만큼 유명한 베트남 국수 포를 더 즐겨 먹어도, 일본을 막아 낸 이순신 장군이 아니라 세계 최강 몽골군을 막아 낸 베트남 위인 쩐흥다오 장군을 존경해도 한국인임을 알겠지요?

미운 오리 새끼, 하늘을 날다

어느 날, 엄마 오리 품 안에서 알들이 하나둘 깨어났어요. 보송보송하고 부드러운 개나리 색깔의 털에 새까만 눈은 유리알처럼 반짝였지요. 주둥이는 연한 분홍 빛깔을 띠었어요. 하지만 마지막 알에서 깨어난 오리는 뭔가 달랐어요. 군데군데 회색빛이 돌았고, 주둥이는 새까맸어요. 오리들은 결국 못난 미운 오리 새끼를 내쫓아 버렸지요.

모델로 활동하는 한현민도 나이지리아 출신의 아빠와 한국인 엄마 사이에서 태어났어요. 어린 현민이는 까만 피부색 때문에 어디에서나 놀림을 받았어요. 동네 아이들은 현민이가 놀이터에 나타나면 모래를 던지기도 했고, 짜장면을 맛있게 먹고 있으면 "까만 애가 짜장면을 먹

네!"라는 말로 상처를 주었어요. 살면서 가장 많이 들었던 질문은 '어디에서 왔냐'는 거였어요. 서울 이태원 토박이라고 말해도 사람들은 믿지 않고 "그래서 진짜, 어디에서 왔어요?"라는 무례한 질문을 계속해서 던졌지요.

사회에서는 차디찬 시선과 편견에 시달려야 했지만, 한현민에게는 든든한 가족이 있었어요. 엄마는 항상 따뜻한 말로 자신감을 북돋아 줬거든요.

"너는 정말 특별한 아이란다. 언젠가 꼭 좋은 일이 생길 거야."

한현민은 중학교에 들어가면서 자신의 꿈에 대해서 진지하게 고민

하기 시작했어요. 평소 옷에 관심이 많았기에 패션 분야에서 어떤 일을 하면 좋을까 고민하다가 모델이라는 직업을 알게 됐어요. 하지만 주변 사람들은 가시가 박힌 말들을 내뱉었어요.

"쟤는 피부가 까매서 안 돼."

부모님의 말을 믿었던 한현민은 포기하지 않았어요. 어느 날 30만 원을 내고 프로필 사진을 찍으면 해외 오디션에 나갈 수 있다는 연락을 받았어요. 어렵게 돈을 모아 사진을 찍었지만, 얼마 지나지 않아 모든 게 사기였다는 걸 알게 됐어요.

하지만 모델을 하겠다는 한현민의 의지를 꺾지는 못했어요. 자신이 찍은 사진을 버려두기는 아까워 온라인에 올렸고, 이 사진을 본 한 기획사에서 연락이 왔어요. 기획사 대표는 사람이 많은 이태원 길 한복판에서 워킹 테스트를 제안했고, 멋지고 당당하게 과제를 해낸 한현민은 그 자리에서 계약을 맺을 수 있었어요.

2주 후 한현민은 서울 패션 위크 런웨이에 올랐고, 모든 옷을 멋지게 소화한 덕에 단번에 주목받았어요.

2017년에는 미국의 유명한 잡지 《타임》에서 가장 영향력 있는 10대 30인 안에 한국인으로는 유일하게 이름을 올렸지요. 2018년에는 한국인 남자 모델로는 최연소로 파리 패션 위크 런웨이에 설 수 있었어요. 열일곱 살 한현민은 피부색으로 자신을 가두려 했던 사람들의 생각을 뛰어넘은 거예요.

2018년 세계 인권의 날에 한현민은 다문화 가족을 대표해 인권 선언문을 낭독했어요. 그러고는 자신의 생각을 덧붙였지요.

"피부색은 틀린 게 아니라 다른 것입니다."

한현민은 알고 보니 누구와도 비교할 수 없는 색깔을 가진 백조였어요. 만약 자신들의 세상만이 옳다고 주장하는 오리들의 이야기를 따랐으면 어떻게 됐을까요? 남들과 달라 아무것도 할 수 없다고 절망에 빠졌다면 자신의 개성과 장점을 뽐낼 수 있는 지금의 한현민은 없었을 거예요.

꼬마 시민 카페

진짜 친절, 가짜 친절

"피부가 검으면 머리도 나쁘지 않냐?"

"무슬림은 테러리스트들이라 무서워!"

"중국인들은 안 씻어서 냄새나."

이런 말들을 아무렇지 않게 내뱉는 사람을 본 적이 있나요?

아마도 이런 말을 내뱉는 사람의 곁에 있는 사람들은 눈을 찌푸릴 거예요.

인종이나 종교, 국적을 어떤 특징과 연결하는 것은 사실이 아닐 뿐 아니라,

상대방을 차별하려는 나쁜 의도가 숨어 있다는 걸 쉽게 알아차릴 수 있기 때문이에요.

하지만 편견이 친절한 모습으로 위장하고 있다면 어떨까요?

쉽게 알아차릴 수 있을까요?

넓은 홀에 어른 한 명과 아이 한 명이 마주 앉아 있어요.

한눈에 봐도 한국인으로 보이는 아이에게 어른은 질문을 던져요.

"학교에서 뭐 하고 놀아? 어떤 수업이 재미있어?"

이어서 이 어른은 다문화 가족 아이들에게도 질문을 던져요.

"한글 읽을 때 어려운 점은 없어? 친구들이랑 대화 나눌 때 불편한 점은 없어?"

"한국 음식은 자주 먹어? 김치 먹을 줄 알아?"

한국에서 태어나 우리와 똑같이 살아가는 아이들이지만,

주변 사람들의 시선은 똑같지 않아요. 다문화 가족의 자녀라고 하면

도와줘야 한다거나, 한국어 수준이 부족하다거나, 매운 음식은 잘 먹을 수 없다고

생각하지요. 이런 친절은 상대방을 배려하는 것처럼 보일지 몰라도

실은 상대방을 구별하고 차별하는 행동이에요.

여러분도 혹시 가짜 친절을 베풀고 있지는 않나요?

모자이크 사회를 만들어 봐요

여러분은 어떤 사회에서 살고 싶은가요?

저마다 기준이 다르겠지만

행복하게 살아가는 데 있어 '다양성'은 중요한 기준이 될 수 있어요.

다름이 틀림이 아니라 개성과 능력으로 여겨지고,

하나의 생각을 강요하지 않으며,

자신의 고유한 정체성이 존중받을 수 있기 때문이에요.

각기 다른 크기나 모양, 색깔이나 질감의 조각이 모여

하나의 멋진 그림을 완성하는 모자이크처럼 말이에요.

다양성이 존중되는 대한민국은 어떻게 만들어 갈 수 있을까요?

캐나다를 똑 닮은 정부와 국회

2015년, 캐나다 총리 쥐스탱 트뤼도는 정부를 이끌어 갈 장관들의 명단을 발표했어요. 서른 명으로 구성된 내각은 정확히 남성 열다섯 명, 여성 열다섯 명으로 이루어져 있었지요. 남녀가 동일한 숫자로 내각이 구성된 건 캐나다 역사상 처음 있는 일이었어요. 그동안은 남성이 주를 이루고, 여성은 적은 인원만 참여했기 때문이에요. 놀라운 결과에 트뤼도 총리에게 질문이 쏟아졌어요.

"내각을 구성할 때, 동등한 성비를 중요하게 생각한 이유는 무엇입니까?"

전 세계의 눈과 귀가 트뤼도 총리에게 집중됐어요. 사람들은 총리의 결정에는 굉장한 목적이나 배경이 있을 거라고 기대했어요. 하지만 그의 대답은 모두의 예상을 빗나갔어요.

"지금은 2015년이잖아요."

너무나 당연한 대답이었지만, 더 깊이 생각하게 만드는 멋진 답변이었어요. 능력이 있으면 성별에 상관없이 누구나 장관이 될 수 있다고 세상은 말하지만, 정작 남녀 동등한 숫자로 장관을

임명했다는 게 뉴스가 되는 현실에 일침을 가한 거였지요.

트뤼도 총리의 내각이 놀라운 건 단지 성비 때문만은 아니었어요. 모자이크 사회라고 불리는 캐나다의 다양성이 그대로 녹아 있었거든요. 원주민 출신인 법무 장관, 아프가니스탄 난민이자 무슬림인 민주 개혁 장관, 머리 위에 동그란 터번을 두른 시크교도이며 인도 출신인 국방 장관, 우주 비행사 출신인 교통 장관, 총기 사고로 장애를 갖게 된 국가 보훈 장관까지. 캐나다의 개방성과 포용력을 보여 주는 인재들로 구성했어요.

내각뿐만 아니라 캐나다의 국회 의원 선거 결과도 놀라웠어요. 선출된 국회 의원의 13.3퍼센트가 다른 나라에서 출생한 이주민이었기 때문이에요. 캐나다 인구의 20퍼센트가 이주민이라는 걸 생각해 보았을 때, 국회 의원의 비율은 이주민의 비율을 비교적 잘 반영하고 있다는 걸 알 수 있어요.

정치에 국민들의 다양성이 반영된다는 점은 매우 중요해요. 국회 의원은 국민을 대표해 법을 만들고, 정부의 정책을 판단하는 일을 하기 때문이지요. 그렇다면 우리나라는 어떨까요?

우리나라에서는 2012년에 역사상 최초로 귀화한 이주민이 국회 의원으로 당선됐어요. 필리핀 출신인 이자스민 의원이 바로 그 주인공이에요. 이자스민 의원은 이주민 인구가 빠르게 늘어나는 우리 사회에서 상징적인 존재였어요. 하지만 어딜 가나 이주민이라는 꼬리표가 따라다녔어요.

"필리핀 여자가 국회 의원이 된다는 게 말이 되냐!"

"이주민들에게 일자리를 빼앗겼다!"

이자스민 의원을 향한 공격은 이주 아동에 대한 법안을 발의할 때 최고조에 달했어요. 미등록 이주민 사이에서 태어난 아이라도 한국에 머무는 동안에는 교육과 의료 혜택을 받게 하자는 내용의 법안이었어요. 1만 명 정도로 추산되는 미등록 이주 아동을 그대로 방치할 경우, 한국 사회가 지불해야 하는 비용이 높아지고, 교육권, 건강권, 양육권은 아이들이라면 누구나 누려야 하는 기본권이기 때문이에요.

이자스민 의원은 이 법안을 지지하는 국회 의원들을 대표해 발의했어요. 법안이 발의되자 인터넷은 거짓과 욕설로 뒤덮였어요. 이자스민 의원이 불법 체류자를 지지한다는 이야기까지 떠돌았어요. 또한 이자스민 의원을 향한 입에 담기도 힘든 인종 차별적인 발언은 사라질 줄을 몰랐어요. 이자스민 의원은 혹독한 4년을 보내야 했지요.

이 법안은 끝내 국회의 높은 문턱을 넘지 못했어요. 이자스민 의원이 국회를 떠난 이후에도 미등록 이주 아동이 출생 신고를 할 수 있게 하는 법안이 발의됐지만, 이마저도 수개월째 미뤄지고 있어요.

뿌리가 다른 사람들이 평등하게 살아가려면 무엇보다 정치가 평등해야 해요. 특정 집단이 절대 다수를 차지하고 있는 상황에서는 다양한 목소리가 반영될 수 없기 때문이에요. 여성, 노동자, 장애인은 물론 다양한 배경을 가진 이주민들의 목소리가 들리는 정치, 대한민국은 언제쯤 가능할까요? 벌써 2020년이나 됐는데도 말이에요.

한국어를 하는 오스트레일리아 아이들

"안녕하세요. 선생님."

수업을 시작하기 전, 학생들은 고개를 숙여 선생님께 인사를 해요. 선생님은 칠판에 산업, 소비, 생산이라는 단어를 보여 주면서 개념을 설명하고 있어요. 학생들은 교실 앞으로 나와 문제를 풀기도 하고, 몇 명이 팀을 이루어 배운 내용을 가지고 토론을 이어 나가요. 수업은 모두 한국어로 진행되지요. 평범한 한국의 초등학교 같은 이곳은 오스트레일리아에 있는 캠시 초등학교예요. 그런데 왜 오스트레일리아의 학교에서 한국어로 수업을 진행하는 걸까요?

오스트레일리아의 이중 언어 교육 정책 때문이에요. 다양한 배경을 가진 이민자들이 늘어나면서 오스트레일리아 정부는 영어 외에 다른 나라의 언어 중 하나를 선택해 수업하는 프로그램을 진행하고 있어요. 스페인어, 이탈리아어, 프랑스어와 같은 유럽권 언어 외에도 아랍어, 인도네시아어, 일본어, 중국어, 한국어 등 아주 다양한 언어로 수업을 들을 수 있지요.

한국어를 선택한 캠시 초등학교에서는 하루에 한 시간씩 사회, 수학, 미술과 같은 과목들을 한국어로 공부해요. 수업 외에도 태권도, 사물놀이, K-POP 음악반을 운영해 한국의 문화와 예술을 체험할 수도 있어요. 유치원부터 초등학교까지 이중 언어 프로그램에 참여한 학생들이라면 일상 대화는 물론 신문을 이해할 정도의 한국어 실력을 가질 수 있지요.

그렇다고 캠시 학교에 유독 한국에서 온 학생들이 많은 것도 아니에요. 한국어 이중 언어 프로그램에는 250명의 학생들이 참여하는데 한국 배경을 가진 아이들은 50명밖에 없어요. 그렇지만 한국 문화를 배우고, 한국어 실력을 키울 수 있는 기회이기 때문에 많은 학생들이 참여해요.

외국어를 배우면 그 나라 문화에 대해 더 잘 이해할 수 있어요. 뿐만 아니라, 외국어 능력은 아이들에게 경쟁력을 갖출 수 있도록 해 주

지요. 또한 이중 언어를 사용하는 학생들은 한 가지 언어를 사용하는 학생들보다 전반적인 학업 능력이 높다는 연구 결과도 있어요.

캠시 초등학교의 교장인 벌린다 쿡은 아이들이 가장 배우고 싶은 분야가 언어라고 이야기해요.

"아이들에게 '무엇을 더 배우고 싶냐'고 물으면 아이들은 모두 언어를 더 배우고 싶다고 답했어요. 언어를 배우는 건 아이들의 흥미를 일으키고, 신나게 만들거든요. 그리고 아이들은 언어를 배우는 속도가 무척 빠르답니다."

이렇듯 장점이 많은 이중 언어 교육이 우리나라에서는 어떻게 이루어지고 있을까요?

여성 가족부는 외국 국적을 가진 부모의 나라 말을 배우는지 설문 조사를 한 적이 있어요. 그런데 부모의 국적에 따라 그 결과가 뚜렷하게 갈렸어요. 영어권이나 유럽 언어를 사용하는 지역에서 온 경우, 부모 언어를 배운다고 응답한 비율이 75퍼센트나 됐지만, 베트남, 필리핀, 태국처럼 동남아시아에서 온 경우는 20퍼센트도 안 됐어요. 이렇게 비율이 낮은 이유는 동남아권 언어가 중요하지 않다는 인식 때문이에요. 이 지역에서 온 결혼 이주민들은 한국 가족이 자신의 언어를 자녀에게 가르치지 못하게 할 때마다 무시당하는 것 같다고 응답했어요. 다문화 가정에서조차 이중 언어 교육이 제대로 이루어지지 않고 있어요.

아직까지 우리나라에는 학교에서도 이중 언어 교육이 체계적으로 이루어지고 있지 않아요. 400명이 넘는 이중 언어 강사가 있지만, 전국에 있는 학교 숫자를 생각하면 턱없이 부족해요. 게다가 오스트레일리아처럼 전체 아이를 대상으로 하지 않고, 다문화 가족의 자녀들만 따로 분리해 수업을 하고 있어요. 그래도 점점 이중 언어의 가치와 중요성을 인식하고 우리나라의 학교도 조금씩 변화하고 있어요.

"니하오, 니하오, 짜이지엔, 짜이찌엔."

반에서 흥겨운 노래가 흘러나오고 있어요. 아이들은 팔과 다리를 왼쪽 오른쪽, 위 아래로 흔들며 노래를 부르고 있어요. 깔깔대며 서로를 마주 보고 있었지요. 서울에 있는 문성 초등학교의 수업 모습이에요.

이 학교에 다니는 모든 학생들은 한국어와 중국어로 공부를 해요. 전교생의 30퍼센트 정도가 중국 출신 친구들이고, 나머지는 한국 학생이에요. 초등학교를 졸업한 아이들은 한국어와 중국어를 자연스럽게 사용할 수 있게 되지요. 또한 이중 언어 교육을 통해 함께 언어를 배우면서 편견이나 차별이 사라졌어요. 어린 시절부터 두 나라의 문화를 함께 접하면서 서로의 공통점과 차이점을 자연스럽게 배우게 됐기 때문이에요. 문성 초등학교의 유현미 교사는 이중 언어 프로그램의 교육 효과가 높다고 이야기해요.

"다문화 시민성이 거창한 게 아니에요. 아이들이 성장하는 과정에서 '우리 모두가 지구촌에 사는 한 사람의 시민'이라는 걸 알려 주는 것이지요."

앞으로 점점 더 많은 학교에서 몽골어, 베트남어, 중국어, 인도네시아어, 태국어까지 다양한 언어를 한국어와 함께 가르치게 된다면 어떻게 될까요? 아마 아이들은 두 나라를 이끄는 인재로 성장할 수 있을 거예요. 또한 함께 어울리고 배우며 지금보다 더 다채롭고 조화로운 대한민국을 만들 수 있겠지요.

당신의 이야기를 들려주세요

여러분은 여행 가는 걸 좋아하나요? 매년, 전 세계 인구의 15퍼센트의 사람들은 다른 나라로 여행을 떠나요. 여행자들은 베트남 호치민에서 야간 오토바이 투어를 체험하기도 하고, 푸른 초원과 하늘을 가득 메운 별들을 보기 위해 몽골에도 가지요. 사업 기회를 잡기 위해 중국의 도시들을 돌아다니기도 해요. 사람들은 여행자들의 자유를 동경해요.

그렇다면 이민자들은 어떨까요? 베트남, 몽골, 중국에서 온 이민자들을 위험하거나 불편하다고 느끼지는 않나요? 여행자들처럼 똑같이 국경을 넘는데 왜 우리는 다른 시선으로 바라볼까요? 바로 이러한 생각에 의문을 던진 사람이 있어요. 네덜란드에서 시민 단체 포켓 스토리를 세운 잉기 메후스예요.

　잉기는 2012년 중앙아시아의 타지키스탄에서 이주민들을 돕는 일을 했었어요. 이때 마케도니아에서 태어나 독일에서 유학을 한 아젤과 잠비아에서 태어나 미국 시민으로 살고 있는 그레이스를 만났어요. 이 셋은 자주 만나 자신들의 이야기를 나누었어요. 이야기의 화제는 주로 이주민으로서의 삶이었어요. 잉기는 두 친구들의 삶을 통해 이주민은 자신의 삶을 적극적으로 개척해 나가는 사람들이라는 것을 깨달았지요.

　하지만 자신 역시 이주민이라는 것을 인정하고 깨닫기까지는 더 많은 시간이 필요했어요. 잉기는 대한민국에서 태어났어요. 100일이 막 지났을 때, 노르웨이의 한 부부에게 입양됐지요. 노르웨이 이름을 가지고, 노르웨이 사투리까지 구사했지만 가끔 정체성의 혼란을 겪어야 했어요. 자신이 다른 사람들과 다르다는 것을 인정할 수 없었거든요. 그러다 두 친구의 이야기를 들으며 자신 역시 이주민이라는 사실을 깨달았어요. 그리고 이주민이라는 단어가 풍기는 부정적인 느낌 때문에 자신 역시 이주민이라는 사실을 인정하지 않았다는 것도 알게 됐어요.

잉기는 이주민에 대한 편견을 깨기 위해 포켓 스토리를 설립했어요. 다른 배경을 가진 사람들이 만나 서로의 속 깊은 이야기를 나누는 순간, 이민자에 대한 두려움과 낯섦은 새로운 나라로 여행할 때 느끼는 호기심과 설렘으로 바뀔 수 있으니까요. 세상은 검은색이나 하얀색 둘로 나눌 수 있는 게 아니라 그 안에는 다양한 색깔이 있다는 걸 보여 주고 싶었어요.

처음 포켓 스토리는 작은 장소를 빌려 자신의 이야기를 나누는 행사를 진행했어요. 네덜란드의 시골에 살다가 수도 암스테르담으로 이사 온 네덜란드 시민, 국경을 넘어 네덜란드에 정착한 시리아 난민, 장학금을 받고 공부를 하러 온 튀니지 유학생, 슬로바키아에서 온 노동자까지 다양한 사람들이 한 공간에 모였어요.

참가자들은 다른 사람의 이야기를 듣는 동안 서로의 마음을 여행할 수 있었어요. 더 많은 기회를 찾아 작은 마을을 떠나 대도시에 살게 된 사람의 마음을, 전쟁으로 폐허가 된 고향을 떠나 목숨을 걸고 바다를 건넌 난민의 마음을, 부푼 꿈을 안고 국경을 넘은 유학생의 마음을, 더 나은 일자리를 찾아 어려운 일도 마다하지 않는 노동자의 마음을

"우리는…"

여행했지요. 포켓 스토리의 이야기 행사를 참가한 사람들은 무엇을 느꼈을까요? 참가자 메가 난다는 소감을 이렇게 말했어요.

"한 번도 만난 적 없던 사람들과 꼭꼭 숨겨 둔 이야기를 나눈다는 건 정말 놀라운 경험입니다. 낯선 사람들을 향한 두껍고, 단단한 벽이 무너져 내리는 걸 느낄 수 있거든요."

개개인이 가진 이야기의 힘은 엄청났어요. 포켓 스토리의 워크숍은 네덜란드 암스테르담을 넘어 유럽의 전 지역과 북아프리카에서도 진행됐어요. 2017년에만 60개국에서 온 192명의 사람들이 자신의 이야기를 나누어 주었지요. 이민자에 대한 부정적인 이미지를 만드는 언론을 비판하는 영상으로 유럽 의회로부터 최우수상을 수상하기도 했어요.

"나는"

포켓 스토리는 이주민 역시 지켜 주고 싶은 가족들이 있고, 맛있는 음식을 먹거나 친구들과 수다를 떨면 기분이 좋아지고, 좋은 교육을 받아 성공하고 싶은 꿈이 있는 평범한 사람들이라고 이야기하고 있어요. 어디에서 왔든지 우리는 모두 똑같은 사람이에요. 이것보다 더 중요한 게 과연 있을까요?

꼬마 시민 카페

상호 문화 도시가 뭐예요?

매년 6월이 되면 영국의 런던에서는 '빅 런치' 행사가 열려요.

다양한 배경을 가진 마을 사람들과 함께 점심을 먹으며 수다를 떠는 행사예요.

학교에서는 마을 이주민들의 문화를 이해하기 위해 영화 감상의 날을 만들거나,

바자회를 열어 이주민들이 가져온 물건과 음식을 소개하기도 해요.

세계 각국의 사업가들을 초청해 이들의 언어로 사업 설명회를 열기도 하지요.

일 년 내내 다양한 행사가 열리는 런던은 '상호 문화 도시'예요.

오늘날 전 세계에는 123개의 상호 문화 도시가 있어요.

상호 문화 도시는 다양성을 가장 중요한 자원으로 생각해요.

때문에 다양성을 존중하면서 조화롭게 살아갈 수 있는 방법들을 고민하지요.

상호 문화 도시는 어떻게 될 수 있을까요?

상호 문화 도시로 선정 되려면 100개의 질문에 답변을 하고

유럽 평의회의 엄격한 심사를 거쳐야 해요. 도시가 얼마나 다양한

인종, 국적, 언어, 종교를 가진 사람들로 구성되어 있는지,

차별이 발생할 때 해결하는 방법은 무엇인지,

다양한 배경을 가진 사람들이 자연스럽게 어울릴 수 있는 공간이 있는지,

사람들의 편견을 없애기 위한 캠페인이 진행되고 있는지와 같은 질문들에

답을 해야 하지요.

상호 문화 도시로 선정되면 도시가 얼마나 다양한 사람들을 포용하고 있는지

전 세계에 자랑할 수 있어요.

우리나라에도 언젠가 상호 문화 도시가 만들어질 수 있겠지요?

내가 만드는 건강한 다문화 사회

가난한 나라에서 온 노동자가

폭력이나 폭언, 임금 체불에 시달리지 않는 사회,

부모의 국적이 다르고, 피부색이 다른 다문화 가족의 자녀가

자신의 개성과 능력을 마음껏 펼칠 수 있는 사회,

인종, 국적, 종교, 신념에 상관없이

사람이라서 존중받는 사회,

이런 세상을 만들기 위해 우리는 무엇을 할 수 있을까요?

한국인은 누구일까?

여러분의 머릿속에 그려지는 한국인은 어떤 모습인가요? 순수한 혈통을 가진 한민족인가요? 아니면 한국말을 아주 유창하게 하는 사람인가요? 한국 국적이 있다면 이것만으로 한국인이라고 할 수 있을까요? 아니면 한국 영토 안에서 살고 있으면 모두 한국인이라고 부를 수 있는 걸까요?

서울 성북구의 한 도서관에서 진행된 다문화 수업에서 강사는 학생들에게 질문을 던졌어요. 그러고는 모든 학생들에게 여섯 장의 카드를 나누어 줬어요. 각 장의 카드에는 인물 사진, 이름, 정보가 간략히 적혀 있었어요. 강사는 학생들에게 자신이 생각하는 한국인에 가장

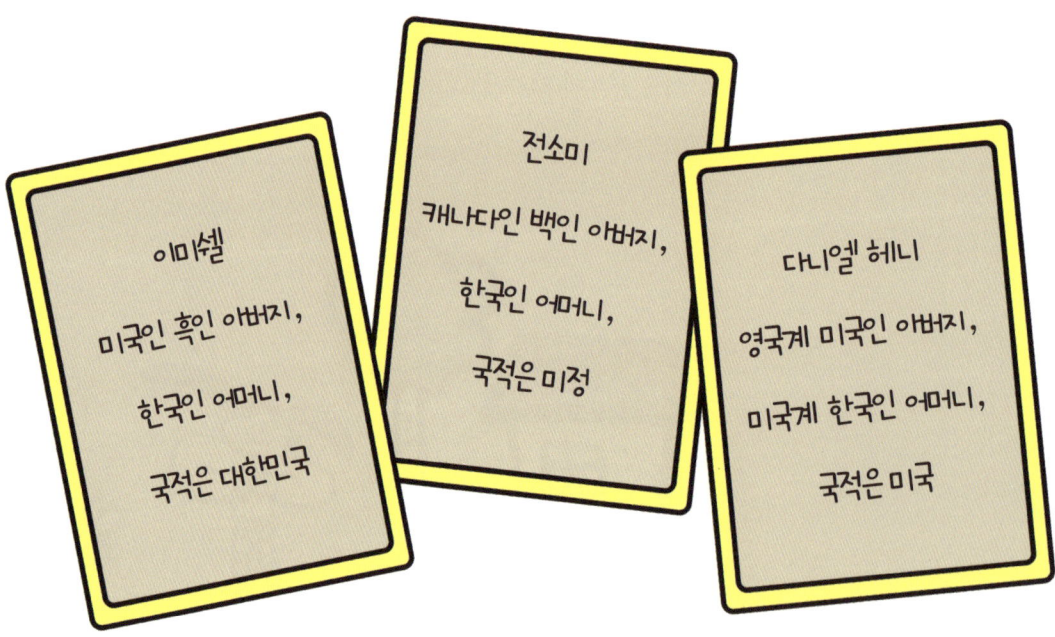

가깝다고 느껴지는 순서대로 카드를 나열해 보라는 과제를 냈어요. 카드에 담긴 정보는 다음과 같았어요.

학생들에게 5분의 시간이 주어졌어요. 하지만 시간이 지나도 자신의 답을 찾지 못해 카드를 여기저기로 옮기는 학생들이 많았어요. 아이들은 어떤 순서로 카드를 배치했을까요? 모두가 같은 대답을 내놓았을까요?

놀랍게도 열 명의 학생 중 같은 대답을 한 친구는 세 명밖에 없었어요. 나머지 일곱 명의 대답은 모두 달랐어요. 강사는 어떤 기준을 가지고 카드 순서를 정한 건지 설명해 달라고 부탁했어요.

"저는 이미쉘 씨를 맨 끝으로 놓았어요. 외모를 기준으로 한국인을 선정했거든요."

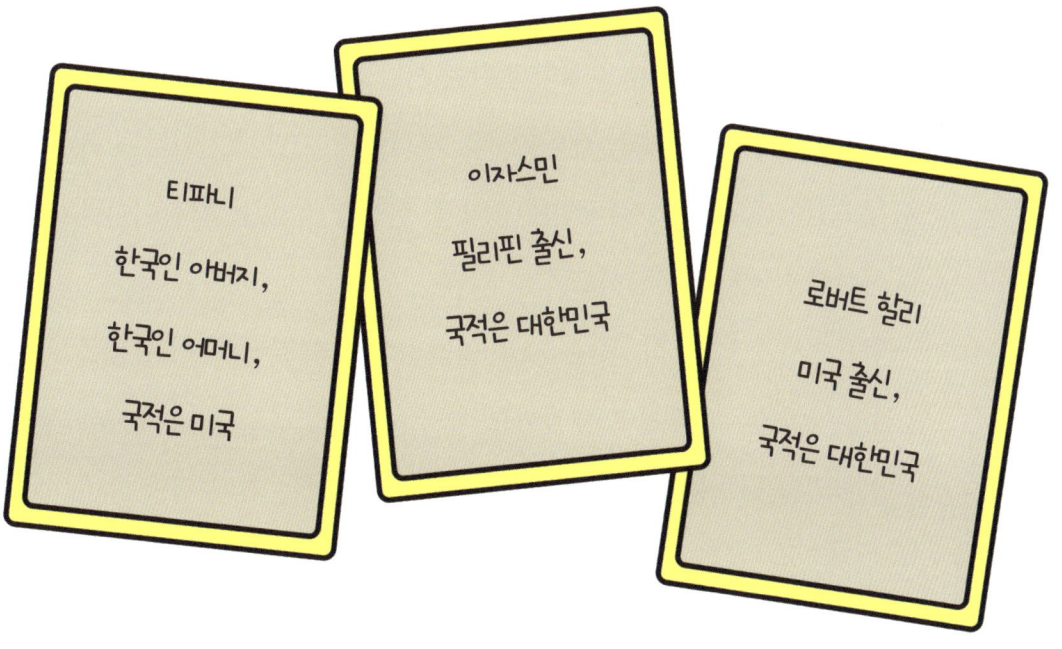

"티파니 씨를 제일 먼저 배치했어요. 한민족의 혈통을 가지고 있고, 한국 문화를 가장 많이 알 것 같아서요."

"저는 모든 사람을 한국인이라고 봤어요. 대한민국에 살고 있고, 이 나라를 위해서 모두들 열심히 일하는 사람들이니까요."

"제 기준은 국적이에요. 대한민국의 국적이 있다면 정치인들을 뽑을 투표권이 있잖아요. 한국인의 미래를 결정할 수 있는 사람이야말로 진정한 한국인이 아닐까요?"

카드 순서를 두고, 학생들은 매우 열띤 토론을 벌였어요. 이 활동을 통해서 아이들은 무엇을 느꼈을까요?

"한국인을 나누는 기준이 모든 사람마다 다르다는 점이 정말 흥미로웠어요."

"그동안 한국인을 너무 좁게만 생각했던 거 같아요. 이제는 피부색이나 한국어가 아니라 우리의 미래를 함께 결정할 수 있는 국적을 기준으로 삼을 거예요."

여러분도 '한국인은 누구일까' 활동을 통해서 자신만의 대답을 찾아볼까요?

STEP 1 인물 카드 준비하기

인물 카드는 다양한 배경을 가진 사람들로 준비해 주세요. 그래야 대한민국에 얼마나 많은 사람들이 다양한 색깔을 가지고 있는지 알 수 있기 때문이에요. 한 장의 인물 카드에는 사진, 이름, 간략한 정보를 기입해 주세요. 내용은 아래를 참조해 주세요.

- 김푸트리: 인도네시아 출신인 김푸트리는 한국 남자와 결혼한 후, 대한민국 국적을 취득했어요.
- 마이클: 오스트레일리아 출신인 마이클은 한국 여성과 결혼해 서울에 살고 있지만, 대한민국 국적은 없어요. 한국어 실력이 뛰어나고, 한국 문화에 대한 이해도가 매우 높아요.
- 본리: 대한민국에서 유명한 가수예요. 부모님은 모두 대한민국 국적을 가지고

있지만, 미국에서 태어난 본리는 미국 국적을 가지고 있어요.

- 박수아: 캐나다인 아버지와 한국인 어머니 사이에서 태어났어요. 박수아는 미성년자라 아직 국적이 정해지지 않은 상황이에요.

- 하수민: 일본에서 태어나 대학교까지 다녔지만 국적은 대한민국이에요. 이제 막 한국어를 배우기 시작해서 의사소통이 자유롭지 않아요.

- 김춘월: 중국 동포 김춘월은 서른 살에 대한민국으로 건너와 20년째 살고 있어요.

- 최현진: 한국인 어머니와 케냐 출신 아버지 사이에서 태어났어요. 국적은 대한민국이에요.

STEP 2 인물 카드 순서 정하기

인물 카드가 준비됐다면 자신이 생각하는 한국인의 기준에 따라 카드를 배열해 보세요. 혼자서 활동할 수도 있지만, 같은 반 친구들이나 가족과 함께 활동하는 것을 추천해요. 10분 동안 인물 카드를 꼼꼼하게 읽고, 곰곰이 생각해 본 후 카드를 배치해 보세요.

인물 카드 순서를 정하고 난 후에는 한국인을 결정하는 자신의 기준이 무엇인지 적어 주세요. 꼭 한 개일 필요는 없어요. 중요하게 생각하는 순서대로 적어 주세요. 예를 들어 1순위 문화, 2순위 국적, 3순위 외모라고 적을 수 있어요.

STEP 3 발표 및 토론하기

활동에 참여한 모든 사람들은 자신의 인물 카드 순서를 공개해요. 서로의 카드를 확인하며 다른 사람과 어떻게 같고, 다른지 눈으로 확인하는 시간을 가져요. 확인이 끝나고 난 후에는 어떤 기준으로 한국인을 뽑았는지 발표해 보세요. 발표를 할 때에는 왜 이 기준이 중요하다고 생각했는지 이유를 함께 밝혀 주세요. 발표가 끝난 뒤에는 토론이 이어져요. 토론 질문은 다음을 참조해 주세요.

– 한국인에 대한 고정 관념은 언제부터 생겼을까?
– 피부색, 민족, 언어 등으로 한국인을 나눌 때 장점과 단점은 무엇일까?
– 대한민국 국적을 가진 사람만 한국인으로 인정할 때 장점과 단점은 무엇일까?
– 다문화 사회를 살아가는 오늘날 한국인을 구분하는 게 필요할까?
– 우리가 원하는 대한민국은 어떤 모습일까?

진짜 범인을 잡아라!

인도네시아 사람인 수치는 휴가를 받아 해외여행을 떠났어요. 비행기는 홍콩을 경유해 일본 오사카로 갈 예정이었지요. 홍콩 공항에 도착하기 직전, 승무원이 다가와 "당신의 고용주가 어디 있나요?"라고 물었어요. 자신은 여행 중이라고 몇 번을 이야기해도 승무원은 믿지 않았어요. 수치가 홍콩에서 일하는 이주 노동자라고 생각했거든요. 수치는 유엔 직원들만 사용할 수 있는 파란색 여권을 보여 주고 나서야 더 이상 불편한 질문을 받지 않아도 됐어요.

샨 아난드는 머리에 터번을 두른 시크교도예요. 샨은 세 명의 무슬림 친구와 함께 아메리칸 항공을 타고 토론토에서 뉴욕으로 가려던 길이었어요. 하지만 이들은 비행기에 탑승할 수 없었어요. 승무원에게 안전에 위험을 느꼈다고 항의하는 사람들 때문에 탑승이 거부됐거든요. 이슬람을 믿는다는 이유로 비행기에 오를 수 없는 사례는 수도 없이 많아요.

인도 출신의 후세인은 성공회 대학교 연구 교수였어요. 동료와 함께 버스를 타고 집으로 돌아가던 길에 한 남성이 후세인에게 욕설을 퍼붓기 시작했어요. '아랍', '냄새 난다', '깜둥이'까지 인종 차별적인 모욕을 했지요. 이 남성을 경찰서로 끌고 갔지만, 오히려 경찰은 후세인이 교수라는 것을 믿지 않았어요.

오늘날에도 수많은 사람이 경제적으로 부유한 국가 출신이 아니라는 이유로, 피부색이 어둡다는 이유로, 이슬람을 믿는다는 이유만으로 차별을 받고 있어요. 다양한 문화를 가진 사람들에 대한 편견을 깰

수 있는 방법은 없을까요?

오스트레일리아에서 20년째 열리는 행사가 있어요. 바로 '화합의 주'라는 행사예요. 화합의 주가 시작되면 오스트레일리아 전역에 있는 유치원, 학교, 교회와 같은 커뮤니티나 정부 기관에 이르기까지 사회 곳곳에 숨어 있는 편견을 깨기 위한 흥미로운 활동들이 진행돼요. 지금까지 무려 7만 7천 개가 넘는 활동들이 있었어요. 그중에서도 '진짜 범인을 찾아라!' 역할 놀이는 학생들에게 인기가 높아요.

'진짜 범인을 찾아라!'는 레스토랑에서 돈이 사라진 가상의 상황에서 범인이 누구인지를 맞추는 활동이에요. 용의자는 총 여섯 명으로 국적, 나이, 성별, 종교, 피부색이 달라요. 진짜 범인을 찾아보는 역할 놀이를 통해 평소 내가 가지고 있는 편견을 들여다볼 수 있어요.

STEP 1 역할 배정하기

시나리오 : 부산에 있는 유명한 국수 가게에는 저녁을 먹으려는 사람들로 붐볐어요. 국수 가게 사장은 방금 전 돈을 잔뜩 넣어 두었던 가방이 사라진 걸 알게 됐어요. 돈 가방은 직원들만 드나들 수 있는 방에 놓여 있었지요. 사장은 직원 중 한 명이 돈 가방을 가져갔다고 의심했어요. 30분 동안 가게를 빠져나간 직원들은 없었고, 사장은 20분 전에 돈 가방이 있다는 걸 확인했거든요. 도대체 돈 가방은 누가 훔친 걸까요?

역할 : 직원 역할을 맡을 여섯 명의 학생을 선발해요. 나머지 학생들은 식당에 찾아온 손님 역할을 맡을 거예요. 모든 학생들은 아래의 역할을 주의 깊게 읽어 보고, 범인의 단서가 될 만한 점들을 찾아보세요.

– 이름, 나이, 성별, 국적: 뚜지앙, 18살, 남성, 중국

뚜지앙은 3개월 전 학교를 그만뒀어요. 한국에서 일을 하던 아버지의 건강이 악화되면서 가족들의 생계를 책임져야 했거든요. 월요일부터 토요일까지 일을 하고, 식당에서는 부엌일을 돕거나 홀에 서빙을 나가요.

– 이름, 나이, 성별, 국적: 크리스, 43살, 남성, 예멘

크리스는 국수 가게에서 6개월째 일하고 있어요. 몇 년째 벌어지는 예멘의 내전을 피해 한국으로 온 난민이에요. 크리스는 사장이 자리를 비운 일요일과 월요일에 식당에서 일하고 있어요. 가게에서 받는 월급으로는 생활이 어려워 가끔 다른 직원들에게 돈을 빌리기도 했어요.

– 이름, 나이, 성별, 국적: 응우옌투헝, 35살, 여성, 베트남

결혼 이주민인 응우예투헝은 2년 전부터 부엌에서 요리사의 보조를 맡고 있어요. 아이들을 돌봐야 해서 파트타임으로만 일을 하고 있지요. 응우예투헝은 책임감이 강하지만 한국말이 서툴러 종종 다른 직원들과 마찰을 빚어 왔어요.

- **이름, 나이, 성별, 국적: 우지나, 27살, 여성, 대한민국**

우지나는 홀 서빙을 도와요. 일요일에는 교회를 가야 해서 일을 할 수가 없고, 간혹 가족 모임이 생기면 토요일에도 빠져야 해요. 우지나는 모든 직원들과 잘 어울리지만 감정이 예민해 쉽게 토라져요.

- **이름, 나이, 성별, 국적: 후세인, 37살, 남성, 이란**

후세인은 웨이터로 일하다가 최근에 주방에서 일을 돕기 시작했어요. 식당에 오는 손님들 중 몇몇이 그를 향해 '테러리스트'라고 소리쳤거든요. 후세인은 누구보다도 성실하게 일해요. 하지만 모스크에서 예배를 드려야 하는 금요일에는 가게에 나오려 하지 않아 사장과 말다툼을 할 때가 있어요.

- **이름, 나이, 성별, 국적: 유병호, 42살, 남성, 대한민국**

유병호는 이 식당의 요리사로 지난 7년 동안 일을 했어요. 그는 모든 직원들에게 친절하고 얼굴에는 항상 웃음을 띠고 있지요. 그가 만든 국수는 이 마을에서 엄청 유명해요.

STEP 2 질문 던지기

직원 역할을 맡은 여섯 명의 학생들은 교실 앞쪽으로 나와 주세요. 식당 손님이자 이 사건의 심판 역할을 맡은 나머지 학생들은 직원들에게 돌아가며 질문을 해 주세요. 직원 역할을 맡은 사람들은 최대한 자신의 역할에 몰입하고, 손님들의 질문에 바로바로 대답해 주세요. 사회자는 역할당 최소 다섯 개의 질문이 갈 수 있도록 조율해 주세요. 심판들은 여섯 명의 학생들의 표정이나 행동, 답변을 통해 최대한 많은 정보를 얻어 보세요.

질문 시간이 끝나면, 네다섯 명이 한 조를 만들어 누구를 최종 범인으로 지목할지 결정해 주세요. 토의가 끝난 후에 각 그룹은 자신들이 선택한 범인이 누구이고, 그를 범인으로 결정한 이유를 발표해 주세요. 각 그룹의 발표가 끝나면 진짜 범인을 밝혀 주세요.

– 범인은 유병호였어요. 월급을 올려 달라고 지난 몇 개월 동안 요청했지만, 받아들여지지 않아 범죄를 저지른 거예요.

STEP 3 토의하기

모든 반 학생들은 교실 가운데에 빙 둘러앉아 주세요. 학생들은 다음의 질문에 따라 자신이 가졌던 편견과 선입견을 돌아보는 시간을 가질 거예요.

– 편견을 가지고 바라봤던 직원이 있었나요? 어떤 편견이었나요?
– 각각의 역할에 대해 우리는 어떤 추측을 했었나요?
– 왜 우리는 다른 사람에 대해 편견을 가지고 있을까요?
– 편견을 가지고 어떤 사람을 판단할 때, 그 결과가 항상 정확했나요? 아니면 오히려 편견이 진실을 보지 못하게 가로막았나요?
– (역할을 한 친구에게) 범인으로 오해받을 때 마음이 어땠나요?
– 누군가 편견을 가지고 나를 판단한다면 어떤 느낌이 들까요?

언어 속 숨은 차별 찾기

2017년에 미국 타임지에서 세계에서 가장 영향력 있는 10대로 선정한 한현민과 한국에서 난민으로 인정된 콩고 출신 욤비 토나 교수의 두 아들 라비와 조나단이 BBC 뉴스 코리아 인터뷰에서 한국인들의 인종 차별적인 언어에 대해 이야기했어요. 그들은 유치원 아이들이 피부가 까만 것을 갖고 놀리는 것은 물론이고 어른들도 '흑형'이라는 말을 아무렇지 않게 쓴다고 했지요.

한현민은 '흑형'이라고 부르는 표현은 정말 불편하다고 밝혔어요. 그 어느 누구도 백인에게 '백형'이라고 부르지 않으면서 흑인에게만 '흑형'이라고 부르는 건 친근함의 표현이 아닌 상대방을 차별하려는 의도가 숨어 있기 때문이에요.

또, 라비와 조나단이 비행기를 타고 한국에 왔다는 사실에 놀라며 그들에게 아프리카에도 비행기가 있냐고 되묻는 한국인이 있었다고 했어요. 이 또한 아프리카 대륙에 대한 잘못된 선입관 때문이지요.

이처럼 편견과 선입견이 쌓이다 보면 어느 순간 차별의 언어가 튀어나와 상대에게 상처를 주기 쉬워요. 실제로 대학생들과 함께 연탄 배달 봉사에 나선 우리나라의 유명 정치인은 나이지리아에서 온 유학생에게 농담을 던졌어요.

"너는 연탄 색깔하고 얼굴 색깔하고 똑같네."

인종 차별적인 발언이 문제가 되자 정치인은 재빨리 사과문을 올렸어요. 분위기 전환을 위해 농담을 던졌다는 궁색한 변명과 함께 말이에요.

누군가를 차별하지 않는 언어를 사용하려면 어떻게 해야 할까요? 가장 좋은 방법은 자신과 다른 사람이 쓰는 언어 속에서 차별하는 말은 없었는지 찾는 연습을 하는 거예요. 이제부터 언어 속 숨은 차별 찾기를 해 볼까요?

STEP 1 언어 속 차별 찾기

차별의 언어는 곳곳에 숨어 있어요. 그림책이나 교과서, 뉴스나 사람들의 말에서 쉽게 찾을 수 있어요. 아래의 문장과 단어들을 읽어 보며, 무엇이 문제일지 고민해 보세요.

– 파퀴벌레, 짱개, 쪽발이

파퀴벌레는 파키스탄 출신 이주 노동자를 바퀴벌레에 빗댄 표현이에요. 짱개는 짜장면과 발음이 비슷한 것에서 유래된 것으로 중국인들을 가리키는 말이에요. 쪽발이는 엄지 발가락과 나머지 발가락이 따로 들어가도록 나뉜 신발을 신는 문화를 가진 일본인을 이르는 단어예요. 파퀴벌레, 짱개, 쪽발이는 모두 특정 국가의 사람들을 비하하려는 의도에서 사용되고 있어요.

– 흑형, 혼혈

흑형은 흑인 형을 줄인 말이에요. 친근감을 나타내는 단어처럼 들리지만, 특정 피부색을 강조하려는 의도를 가지고 있어요. 혼혈은 서로 다른 혈통이 섞여서 태어난 사람을 가리킬 때 쓰여요. 혼혈은 순수한 피를 가졌다는 순혈의 반대되는 말로 깨끗한 피와 불순한 피가 있다는 생각을 심어 줄 수 있어요.

– 한국에 오니까 좋지요?

이 질문에는 상대방의 국가보다 대한민국이 경제적으로 우월하다는 생각이 깔려 있어요. 이 질문을 받은 상대방은 자신과 자신의 국가가 무시당한다는 느낌을 받을 수 있어요.

– 방글라데시 사람들도 스마트폰을 사용해요?

스마트폰과 같은 첨단 전자 기기를 개발 도상국인 방글라데시에서도 쓰냐는 의미예요. 이 질문은 방글라데시 사람은 가난하니 스마트폰을 사용하지 못할 것이라는 잘못된 생각이 전제되어 있어요. 이 질문을 받는다면 방글라데시 사람들은 모욕감을 느낄지도 몰라요.

– 멕시코 사람들은 성폭행범이자, 미국에 미약을 가져오고 범죄를 일으킨다.

불법으로 국경을 넘어오는 멕시코 이민자들에 대해 트럼프 대통령이 했던 말이에요. 멕시코 사람들 전체를 범죄자로 취급하는 이 발언은 법을 잘 지키고, 성실한 시민으로 살아가는 멕시코 이민자들까지 모욕하는 말이 되었어요.

– 외국인들 곳곳 칼부림 '한국 사람은 함부로 못 다녀.'

실제 우리나라의 한 신문사에서 사용한 기사 제목이에요. 외국인들이 있는 곳에서는 칼부림과 같이 생명을 위협할 만한 범죄가 빈번하게 벌어지는 듯한 느낌을 풍겨 외국인들에 대한 두려움과 편견을 갖게 만들어요.

STEP 2 수정 요청하기

언어 속 차별을 찾았다면 직접 수정 요청을 해 보세요. 차별의 언어가 확

산되는 것을 막을 수 있기 때문이에요. 책에 차별적인 표현이 나온 경우 출판사의 이메일이나 전화로 수정 요청을 할 수 있어요. 교과서의 경우 교과서 민원 바로 처리 센터 홈페이지(textbook114.com)에서 직접 민원 신청을 넣을 수 있어요. 국회 의원의 발언이 부적절할 경우, 직접 이메일로 보내 차별의 언어를 사용하지 말아 달라고 요청해 보세요. 국회 의원의 이메일은 대한민국 국회 홈페이지(assembly.go.kr)의 국회 의원 현황에서 알아볼 수 있어요. 마지막으로 기사의 제목이나 내용에 차별적 언어가 사용됐을 경우, 기사 제목이나 기사 하단에서 기자의 이메일 정보를 확인해 수정 요청을 보내 보세요.

당신의 이름은 무엇인가요?

몇 년 전, 영국 방송사 BBC의 인터뷰 영상이 화제가 됐어요. 영상의 주인공은 부산 대학교 로버트 켈리 교수의 가족이었어요. 깔끔하게 정장을 차려 입은 켈리 교수가 진지하게 한국 정치에 대해 인터뷰를 하는데 양 갈래 머리를 하고 양쪽 팔을 신나게 흔들며 한 아이가 들어왔어요. 이어서 둘째마저 보행기를 끌며 방 안으로 들어오고 있었지요.

잠시 후, 한 여성이 잽싸게 방문을 열고 들어와 두 아이를 문밖으로 끌고 나가는 장면이 방송됐어요. 당황한 듯한 켈리 교수의 얼굴과 천진난만한 두 아이들, 거기에 스케이트 선수처럼 날아와 빛의 속도로 사태를 수습하는 엄마의 모습은 사람들에게 웃음을 안겨 줬지요.

사실 이 영상이 화제가 된 또 다른 이유가 있어요. 바로 영상을 본 해외 시청자들의 반응 때문이었어요.

"영상이 재미있기는 한데, 아무래도 저 베이비시터가 곤란해질 것 같아."

사람들은 한국 사람인 켈리 교수의 부인을 베이비시터라고 단정했어요. 주요 해외 언론들은 사람들의 반응을 보고, 아시아 여성에 대한 고정 관념 때문에 아이의 엄마를 베이비시터라고 쉽게 판단한 사례라고 지적했어요.

특정 인종이나 문화 또는 계층에 대한 편견은 해외뿐만 아니라 우리 사회에서도 쉽게 찾을 수 있어요. 대표적으로 단어 '다문화'에 감춰져 있는 잘못된 생각들이지요.

'다문화'라는 단어를 들으면 여러분의 머릿속에는 제일 먼저 어떤 그림이 떠오르나요? 한쪽 부모가 다른 나라 사람인 가족이 그려지나요? 심지어 '무식하다', '가난하다', '까맣다'는 단어가 생각나는 사람도 있을 거예요.

사실 '다문화'는 다양한 문화가 각자의 색깔을 유지하며 함께 존재하는 상태를 의미할 뿐이에요. 그런데 우리나라에서는 다문화가 아시아계 결혼 이민자 가족이나 우리보다 경제적 수준이 낮거나 피부색이 다른 사람들을 비하하는 단어가 됐어요.

만약 지금처럼 '다문화'라는 단어가 제대로 사용되지 않으면 어떤 문제를 가져올까요? 숙명 여대 사회 심리학과 김영란 교수는 소수 집단에 계속해서 어떤 명칭을 붙이게 되면 고정 관념과 편견이 생기고 더 나아가 그 집단을 차별하게 된다고 말했어요.

이런 이유로 최근에는 전문가들을 중심으로 '다문화라는 단어를 쓰지 말자.'는 주장이 나오고 있어요. 우리가 사용하는 말에는 보이지 않는 힘이 있거든요. 그래서 다른 사람들을 차별할 수 있는 말을 반복해서 사용하면 나도 모르게 비뚤어진 시각으로 소수 집단을 바라보거나, 나와는 다르다는 생각에 빠져 두꺼운 벽을 쌓기 때문이에요.

앞으로 과학 기술이 더욱 발전해 다른 나라의 이동이 더 자유로워지고, 세계 곳곳에서 인터넷과 통신이 더 넓고 빠르게 사용되면 '우리는 순수한 한국인이고, 너희는 다문화야.'라고 선을 긋는 행동이 의미 없는 일이 될 거예요.

만약 한국인 부모 밑에서 태어났지만, 한 동네에 사는 중국인 친구와 어렸을 때부터 함께 많은 시간을 보내고, 인도 영화에 푹 빠져 유

명한 인도 유튜버의 영상을 매일 챙겨 보고, 오스트레일리아에서 대학교를 졸업한 후, 세계인들의 인권을 위해 국제기구에서 일하는 사람이 있다면, 한국인의 정체성만 가졌다고 판단하기에는 어려울 거예요. 오히려 다양한 정체성이 골고루 섞여 있는 진정한 다문화인에 가깝기 때문이지요. 이렇게 되면 국적이나 피부색만으로 사람을 구분하는 대신 개개인이 가진 고유한 빛깔에 주목하게 될 거예요.

그렇다면 진정한 의미의 다문화 시대를 맞이하기 위해 우리는 무엇을 할 수 있을까요?

우리가 가진 고유한 이름을 불러 주는 거예요. 누군가를 '다문화'라고 부르기에는 각자가 가진 빛깔과 크기가 훨씬 크고 멋지거든요. 누군가의 이름을 부른다는 것은 상대방에게 '당신의 친구가 되고 싶어요.'라고 말하는 거예요. 오늘부터 '다문화'라는 단어 대신 우리 이웃들의 진짜 이름을 불러 주세요.

"당신의 이름은 무엇인가요?"

 꼬마 시민 카페

이주민 영화제에 초대합니다!

매년 찬바람이 불기 시작할 때쯤 모두를 위한 영화 축제가 열려요.

바로 이주민 영화제예요.

2006년부터 시작된 이주민 영화제는 어떻게 하면 이주민의 목소리를

한국 사람들에게 알릴 수 있을까에 대한 고민에서 시작됐어요.

이주민이 가지고 있는 고유한 색깔을 잃지 않으면서도 이주민에 대한

두꺼운 편견의 벽을 허무는 데 있어서 영화는 더없이 훌륭한 도구이기 때문이에요.

이주민 영화제에서는 이주를 둘러싼 다양한 주제를 다루고 있어요.

한국에서 다른 나라로 입양을 간 사람들,

외국에서 태어나 살다가 부모와 함께 한국으로 이주한 중도 입국 청소년들,

한국에서 태어났지만 부모가 미등록 이주민이라는 이유로 국적을 취득하지도 못하고,

교육의 혜택이나 의료 혜택을 받을 수 없는 미등록 이주 아동,

목숨을 걸고 한국에 온 난민, 가족을 위해 열악한 노동 조건을 견디는 외국인 노동자들,

피부색이 다르다며 차별받는 다문화 가족 아이들,

더 나은 삶을 꿈꾸며 해외로 떠난 한국의 청년들까지 만나 볼 수 있지요.

이주민 영화제의 장점은 이주민에 대한 편견을 깰 수 있다는 거예요.

영화를 감상하다 보면, 영화나 뉴스에서 보던 이주민의 모습이

전부가 아니라는 걸 깨달을 수 있어요.

또한 사람은 국적이나 피부색, 경제적 수준이나 성별에 관계없이

존중받아야 한다는 교훈도 얻을 수 있지요.

올 가을, 가족이나 친구와 함께 이주민 영화제에 다녀오면 어떨까요?

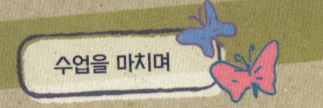 수업을 마치며

이웃의 신발을 신고 걸어 보기

1960년대, 2만 명에 가까운 한국인들은 독일행 비행기에 몸을 실었어요. 당시 독일은 경제가 부흥하면서 일할 사람이 많이 필요했거든요. 때마침 한국은 전쟁이 끝난 후, 피폐해진 경제를 일으키기 위해 돈이 절실한 상황이었어요.

독일에 간 한국인들은 주로 광부나 간호사였어요. 열악한 노동 환경에서도 열심히 일을 했고, 이들이 벌어들인 돈이 대한민국의 경제를 다시 일으키는 데 매우 중요한 역할을 했어요. 이들은 3년이 되면 다시 한국으로 돌아오는 조건으로 독일에 파견됐어요. 하지만 계약 기간이 끝나고서도 독일에 남고 싶은 사람들이 있었어요.

특히 간호사로 파견됐던 여성들에게 독일은 기회의 땅이었어요. 한국보다 일하는 환경이 좋았을 뿐 아니라 월급도 높아서 경제적으로 안정적인 생활이 가능했어요. 또한 가부장적인 한국 문화와 달리 평등하고 자유로운 독일의 문화가 마음에 들었어요. 하지만 독일에서 정착하는 건 쉬운 일이 아니었어

 나는

요. 독일 국민을 우선하는 정책이 시행되면서 이주 노동자는 독일에 머물 수 없게 됐기 때문이에요. 독일에서 열심히 일을 하며 자리를 잡아 가던 이주민들은 갑자기 추방될 상황에 놓이게 됐지요.

"우리는 당신들을 도와주러 왔다! 우리는 거래 상품이 아니다!"

한인 간호사들은 시위를 시작했어요. 이들은 독일 정부에 저항한다는 의미로 간호복 한쪽 소매를 잘라서 입었어요. 간호사들의 목소리는 서서히 독일 국민들에게도 지지를 받기 시작했지요. 그 결과는 어땠을까요?

"독일은 외국인 법을 시행합니다."

독일에서 외국인 법이 시행되면서 이주민들은 일한 기간에 따라 영주권이나 시민권을 얻을 수 있게 됐어요. 이렇게 재독 한인 간호사들은 독일 사회에 뿌리를 내릴 수 있게 됐지요. 새로운 환경에서 자신의 삶을 꾸려 나가겠다는 이주민들의 의지와 입장을 공감해 준 독일 시민들이 있었기에

가능한 일이었어요.

한국인의 이주는 역사에만 남아 있지 않아요. 오늘날, 대한민국 국적을 가진 300만 명의 사람들이 해외에서 살고 있어요. 더 좋은 교육을 받기 위해 유학을 떠나거나, 돈을 더 벌 수 있는 기회를 찾거나, 사랑하는 사람과 함께 살기 위해 이주를 선택해요. 자신의 신념을 지키기 위해 난민이 된 한국 사람도 있어요.

익숙하고 편한 곳을 떠나 새로운 곳으로 이주할 때 느끼는 설렘과 두려움은 비단 한국인의 것만은 아니에요. 더 좋은 교육을 받으러 대한민국의 국경을 넘는 유학생, 가족에게 더 나은 삶을 주고 싶은 이주 노동자, 사랑하는 사람과 가족을 만들기 위해 이주를 선택한 결혼 이주민, 목숨을 걸고 고국을 떠나온 난민 역시 설렘과 두려움을 느끼지요. 알고 보면

우리가 꿈꾸는 미래는 그렇게 많이 다르지 않아요.

하지만 이주민에 대한 차가운 시선은 사라질 줄을 몰라요. 이주민은 범죄를 더 많이 저지르는 위험한 존재, 가난하고 교육 수준이 낮은 사람이라고 생각해요. 한국 국적을 취득한 이주민에게도 여전히 이방인 취급을 하거나, 차별 섞인 말들을 내뱉기도 하지요. 다문화 사회를 살아가는 우리는 어떤 마음가짐을 가져야 할까요?

"네 이웃의 모카신을 신고 두 달 동안 걸어 보기 전에는 그를 판단하지 마라."

샤이엔족 인디언의 속담이에요. 다문화 사회를 살아가는 우리에게 무엇보다 필요한 것은 바로 상상력이에요. 다양한 배경을 가진 사람들의 입장이 되어 세상을 바라볼 수 있는 능력을 말하는 것이지요. 우리의 상상력이 커지고 깊어질수록 대한민국은 지금보다 더 다채롭고 풍요로워질 거예요.

세계 시민 수업 ❾ 다문화 사회
다양성을 존중하는 우리

초판 1쇄 발행 2020년 1월 20일 | **초판 4쇄 발행** 2023년 7월 26일
글쓴이 윤예림 | **그린이** 김선배
펴낸이 홍석 | **이사** 홍성우
편집부장 이정은 | **편집** 조유진 | **외주 편집** 고양이 | **디자인** 권영은 | **외주 디자인** 권승희
마케팅 이송희 | **관리** 최우리 · 김정선 · 정원경 · 홍보람 · 조영행 · 김지혜
펴낸곳 도서출판 풀빛 | **등록** 1979년 3월 6일 제2021-000055호
주소 서울특별시 강서구 양천로 583 우림블루나인 A동 21층 2110호
전화 02-363-5995(영업) 02-362-8900(편집) | **팩스** 070-4275-0445
전자우편 kids@pulbit.co.kr | **홈페이지** www.pulbit.co.kr
블로그 blog.naver.com/pulbitbooks | **인스타그램** instagram.com/pulbitkids

ⓒ 윤예림, 김선배 2020
ISBN 979-11-6172-180-4 74330
ISBN 978-89-7474-114-3 (세트)

이 도서의 국립중앙도서관 출판예정도서목록(CIP)은 서지정보유통지원시스템 홈페이지(http://seoji.nl.go.kr)와
국가자료종합목록 구축시스템(http://kolis-net.nl.go.kr)에서 이용하실 수 있습니다.
(CIP제어번호: CIP2019048457)

*파본이나 잘못된 책은 구입하신 곳에서 바꿔 드립니다.
*책값은 뒤표지에 표시되어 있습니다.

KC	**품명** 아동 도서	**제조년월** 2023년 7월 26일
	사용연령 10세 이상	**제조자명** 도서출판 풀빛
	제조국 대한민국	**연락처** 02-363-5995
	주소 서울특별시 강서구 양천로 583 우림블루나인 A동 21층 2110호	

주의사항 종이에 베이거나 긁히지 않도록 조심하세요.
　　　　　책 모서리가 날카로우니 던지거나 떨어뜨리지 마세요.
KC마크는 이 제품이 공통안전기준에 적합하였음을 의미합니다.